a b crash

Stichwörter der Finanzkrise

Lars Günther

© 2016 Lars Günther

Umschlaggestaltung, Layout, Satz: Birgit Bödeker, Dortmund

Lektorat: Henning Aubel, Dortmund

Verlag: tredition GmbH, Hamburg

ISBN Paperback 978-3-7345-2782-1

ISBN Hardcover 978-3-7345-2783-8

Printed in Germany

Ein Wort vorab

Die Arbeit an diesem Buch begann vor rund zweieinhalb Jahren in Auseinandersetzung mit der Finanz- bzw. Eurokrise. Im Mittelpunkt standen zunächst Stichwörter aus den Bereichen Wirtschaft und Wirtschaftswissenschaft. Im Verlauf des Schreibens kamen mehr und mehr auch politische und, weil die Wurzeln unserer ökonomischen wie politischen Gegenwart im Denken der Moderne bzw. der »westlichen Welt« liegen, auch historische und (im weitesten Sinne) philosophische Stichwörter hinzu. So reicht nun das Spektrum der hier gesammelten Kurztexte von einem lexikonartigen Artikel über die Aktie bis zum philosophischen Fragment über die Freiheit, von einer Kurzbiographie David Ricardos bis zu einer Zusammenfassung von Dürrenmatts »Der Besuch der alten Dame«, vom Abgesang auf den Homo oeconomicus bis zum kurzen Abriss über den Frühkapitalismus.

Manchmal kamen während der Arbeit schneller neue Stichwörter hinzu, als ich die bereits vorgesehenen schreiben konnte, und schon geschriebene gewannen nachträglich noch an Aktualität. So war die Abschaffung des Bargeldes, als ich 2014 den »Geld«-Artikel schrieb, eine am Horizont vage drohende Möglichkeit, während sie heute alle paar Tage von den verschiedensten Personen in den Medien gefordert wird. Und selbst als das Manuskript bereits fertig war, ließ ein TV-Beitrag über Cum/Ex-Geschäfte eine Ergänzung notwendig werden. Aus diesem Grund kann ein Buch über die gegenwärtige Krise auch niemals »fertig« sein, denn jederzeit könnten neue Ereignisse oder Enthüllungen weitere Fragen aufwerfen und Ergänzungen notwendig machen. Aber ich wollte in diesem Buch auch keine zeitlosen Wahrheiten verkünden (schon deshalb, weil es die nicht gibt), sondern vor allem Fragen formulieren und zum Nachdenken über grundsätzliche Fehlentwicklung sowie die Schwachpunkte von scheinbar in Stein gemeißelten Gewissheiten unserer Zeit anregen.

Auch wenn dieses Buch keine Wahrheiten zu verkünden hat, so liegen ihm doch Überzeugungen zugrunde: dass es notwendig ist und sich lohnt, entschlossen für eine menschenwürdige Welt einzutreten; dass es deshalb an der Zeit ist, aus unserer selbstverschuldeten Unmündigkeit herauszutreten; dass wir hierzu den Mut aufbringen müssen, uns unseres eigenen Verstandes zu bedienen. Jetzt!

Europa, im Mai 2016

Lars Günther

Aktie

Wertpapier, das den Anteil an einer Gesellschaft verbrieft, die z. B. in der Rechtsform einer Aktiengesellschaft (AG), Europäischen Gesellschaft (SE) oder Kommanditgesellschaft auf Aktien (KGaA) geführt wird. Der Inhaber einer A. wird als Aktionär bzw. Anteilseigner (engl. shareholder) bezeichnet.

Mit der A. verbunden sind ein Stimmrecht auf der Hauptversammlung der Gesellschaft sowie ein Anteil an der Gewinnausschüttung (Dividende); eine Ausnahme davon bilden die Vorzugsaktien, deren Inhaber kein Stimmrecht besitzen, wofür sie i. d. R. eine höhere Dividende erhalten als die Inhaber der stimmberechtigten, so genannten Stammaktien. Je langfristiger die Geldanlage, desto mehr wächst die Bedeutung der Dividende. »Zocker«, die auf kurzfristige Kursgewinne abzielen, finden Dividenden für gewöhnlich ungefähr so → sexy wie 50er-Jahre-Tapetenmuster. Wenn alle Anleger nur noch über Kursgewinne fabulieren und niemand mehr von Dividenden redet, kann das ein Anzeichen einer → Blase am Aktienmarkt sein.

Die Aktionärsquote (definiert als der Anteil der Aktienbesitzer an den über 14-Jährigen) lag in Deutschland 2013 bei nur 7,1 %. Deutlich höher liegt dieser Wert in den USA, Großbritannien, skandinavischen Ländern, den Niederlanden oder der Schweiz. Etwa in den USA dienen A. häufig der Altersvorsorge; Dividenden bilden daher für viele Menschen einen wesentlichen Teil ihrer Bezüge, und viele Aktiengesellschaften schütten ihre Gewinne vierteljährlich aus (Quartalsdividende).

Da die Rendite von A. (Kursentwicklung zuzüglich Summe der ausgeschütteten Dividenden) langfristig über den Zinserträgen liegt, die etwa auf Sparbüchern und Festgeldkonten erreichbar sind, wird durchaus auch aus Gründen der sozialen Gerechtigkeit die Forderung erhoben, dass möglichst viele Bürger A. besitzen und dadurch von den Gewinnen der Wirtschaft profitieren sollten (→ Volksaktien). Allerdings ist eine Investition in A. immer auch mit dem Risiko von Verlusten verbunden; dieses Risiko kann durch Einholen von Informationen über die betreffenden Unternehmen und vor allem durch eine Streuung der Kapitalanlage auf verschiedene A. und andere → Anlageklassen zumindest reduziert werden. Auch Anleger mit kleiner Geldbörse können durch Aktienfonds eine Risikostreuung erreichen.

Alchemie

Sammelbegriff für vorwissenschaftliche Forschungen, deren höchstes Bestreben es war, Wertloses in Gold zu verwandeln – ein Ziel, das erst die Finanzindustrie durch Erfinden immer dubioserer Finanzprodukte verwirklichte.

Alternativkosten

auch Opportunitätskosten. Die A. einer Handlung bestehen in dem entgangenen Nutzen (z. B. Gewinn), der mit einer alternativen Verwendung der eingesetzten Ressourcen (z. B. Kapital, Arbeitskraft, Zeit) hätte erreicht werden können – genauer: mit der besten der nicht realisierten Handlungsalternativen.

Zwei Beispiele: 1. Sinkende Zinsen für festverzinsliche Geldanlagen können die A. eines Investments in → Aktien verringern. 2. Die A. eines Kinobesuchs erscheinen vielen Menschen an einem verregneten Wochenende geringer als an einem sonnigen. Ohne dass die Renditeaussichten von Aktien oder die Qualität eines Films sich verändern müssen, werden also voraussichtlich bei niedrigen Zinsen mehr Anleger in Aktien investieren und bei schlechtem Wetter mehr Leute ins Kino gehen.

Altersvorsorge

eigentlich: Summe aller Maßnahmen, die ein Mensch während der Zeit seiner Erwerbstätigkeit trifft, um nach deren Ende seinen Lebensunterhalt bestreiten zu können;

in der Realität: Argument, mit dem der Staat unter Ausnutzung der → Angst vor Altersarmut seine Bürger dazu überredet, einen Teil ihres Einkommens auf Konten zu sammeln, die unter staatlicher Kontrolle stehen. Dadurch kann er jederzeit durch Gesetzesänderungen einen ihm genehmen Teil dieses Geldes für sich abzwacken. So lange »nur« Beträge oberhalb des Existenzminimums abgeschöpft werden, wird er sich für diesen Diebstahl auch noch als Vollstrecker sozialer Gerechtigkeit feiern.

Angst

Grundgefühl, das aus Besorgnis über eine – reale oder empfundene – Bedrohung entsteht. Diese Besorgnis kann existenzielle Bereiche wie das eigene Leben betreffen. Häufig richtet sie sich auch auf materielle Dinge (z. B. im Falle von Verlust- oder sozialer Abstiegs-A.). Nicht nur Individuen, auch Personengruppen oder ganze Gesellschaften können von A. erfüllt sein (»kollektive A.«).

Kurzfristig kann A. Energie freisetzen, die eine akut bedrohliche

Situation zu überwinden hilft – etwa durch Kampf oder Flucht. In Entscheidungssituationen, die längerfristiges Denken und kompliziertere Analysen erfordern als ein Vis-à-vis mit einem Säbelzahntiger, ist A. sprichwörtlich ein schlechter Ratgeber, weil sie das Urteilsvermögen trübt, Menschen in Lethargie oder aber blinden Aktionismus treibt und weitere destruktive Emotionen wie z. B. Hass (auf die vermeintlichen Urheber der empfundenen Bedrohung) erzeugen kann.

Einen Menschen in A. zu versetzen, ist ein erfolgversprechender Weg, sein Denken und Handeln zu manipulieren. Deshalb ist die Erzeugung von A. ein wichtiges, wenn nicht das wichtigste Instrument, mit dem Menschen die Herrschaft über andere Menschen sich verschaffen und aufrechterhalten. Zu diesem Zweck stellen sich die Manipulatoren entweder selbst als Bedrohung dar (wie es z. B. Diktatoren oder terroristische Vereinigungen tun), oder aber sie propagieren eine Bedrohungssituation durch Dritte und präsentieren sich als Schlüssel zur Rettung. Letztere Strategie verfolgen nicht wenige selbsternannte Anlageberater, bei denen der ganz große Crash immer unmittelbar bevorsteht.

Wer sich also zur Entscheidung gedrängt sieht, vor einer Bedrohung einzuknicken oder aber sich dem (»heroischen«) Kampf gegen sie anzuschließen, der wird womöglich von beiden Seiten durch A. manipuliert. Wirkliche → Freiheit wird er nur behaupten, indem er sich der Logik des Entweder-oder entzieht und sich seiner A. stellt.

Anlageklassen

verschiedene Möglichkeiten, den Teil seines Geldes, den man nicht für Konsum ausgibt, für später zurückzulegen. Ziel der Geldanlage können dabei der Werterhalt oder das Erzielen von Gewinnen sein. Bei einer Investition fließen diese Gewinne während der Dauer der Geldanlage (z. B. in Form von Zinsen, Dividenden oder Mieteinnahmen), bei einer Spekulation sollen sie mit dem Verkauf (aufgrund von Preis- oder Kurssteigerungen) realisiert werden. Die unzähligen Möglichkeiten, Geld anzulegen, gliedern sich in verschiedene A., die sich – untereinander, aber auch innerhalb jeder einzelnen – in Bezug auf die Anlagekriterien Rentabilität, Sicherheit und Liquidität (magisches → Dreieck der Vermögensanlage) unterscheiden.

Wichtige A. sind: kurzfristige Geldanlagen/liquide Mittel (z. B. Sparbuch, Tagesgeld); Renten/langfristige Geldanlagen (verzinsliche Wertpapiere, z. B. Staatsanleihen, Unternehmensanleihen, Pfandbriefe); Fremdwährungen; Unternehmensbeteiligungen (v. a. → Aktien,

Aktienfonds); Immobilien (z. B. Mietshaus, Immobilienfonds); Rohstoffe (Edelmetalle werden manchmal als eigene A. betrachtet); Luxusgüter (z. B. Uhren, Schmuck, Kunstwerke). Die Anzahl der A. und die Grenzziehung zwischen ihnen kann je nach Perspektive unterschiedlich ausfallen.

Die Gesamtheit der Geldanlagen eines Anlegers bezeichnet man als sein Portfolio. Das Portfoliomanagement widmet sich dem Ziel, das zur Verfügung stehende Anlagekapital so zu verteilen, dass ohne zu große Einbußen bei den Renditechancen das Verlustrisiko möglichst reduziert wird – indem das Vermögen nicht nur zwischen verschiedenen A. aufgeteilt, sondern auch innerhalb einzelner A. gestreut wird (beispielsweise Aktien aus unterschiedlichen Branchen, verschiedenen Ländern/ Währungsgebieten und von großen und kleineren Unternehmen). Dank Aktienfonds ist diese Streuung auch weniger betuchten Anlegern prinzipiell möglich.

Allgemeine Aussagen darüber, wie ein Portfolio aussehen sollte, sind kaum möglich. Hier müssen individuelle Faktoren wie das zur Verfügung stehende Kapital, Anlageziele, Lebensalter, Risikobereitschaft und auch moralische Wertvorstellungen (etwa beim Kauf von Aktien bestimmter Unternehmen) Berücksichtigung finden. Riskant ist es allerdings, sein gesamtes Vermögen in

nur eine A. zu stecken: Der Wert eines imposanten Aktiendepots kann durch einen Börsencrash extrem sinken, der Traum vom → Eigenheim kann platzen. Selbst der Wert eines scheinbar sicheren Sparbuchs kann durch starke → Inflation und/ oder eine Währungsreform quasi auf Null sinken.

Apokalypse

(Abk. Apk; auch: Offenbarung des Johannes, Abk. Offb); letztes Buch des Neuen Testaments und zugleich dessen einziges prophetisches Buch, geschrieben vermutlich im letzten Drittel des ersten nachchristlichen Jahrhunderts.

In weiten Teilen verwendet die A. eine sehr bildhafte Sprache, in der Siegel geöffnet werden, Posaunen erschallen und (die vier apokalyptischen) Reiter erscheinen. Da die Prophezeiungen so vage formuliert sind, wurden sie auf die unterschiedlichsten Ereignisse bezogen. So wurde etwa der Stern namens Wermut, der vom Himmel fällt und ein Drittel des Wassers vergiftet (Apk 8, 10-11), im Nachhinein als Vorhersage des Reaktorunglücks von Tschernobyl angesehen.

Können solch kreative Schriftauslegungen getrost Theologen und Esoterikern überlassen bleiben, so beschreiben einige Passagen vergleichsweise konkret eine schon bald mögliche Zukunft: Die Menschen müssen ein Zeichen an ihrer rechten Hand oder Stirn tragen, ohne das niemand kaufen oder verkaufen kann (Apk 13, 16-17). Knapp drei Kapitel später bekommen alle Menschen, die dieses Zeichen tragen, ein böses Geschwür (Apk 16,2). Diese Kapitel sollten wir vielleicht im Gedächtnis behalten für den Fall, dass man uns davon überzeugen will, wie praktisch doch ein Barcode auf (oder ein → RFID-Chip unter) der Haut für die Abwicklung unseres bargeldlosen Zahlungsverkehrs wäre.

Arbeit

physikalisch: Energie, die auf mechanischem Weg von einem Körper auf einen anderen übertragen wird; volkswirtschaftlich: ein → Produktionsfaktor.

Bereits sprachlich wird den Produktionsfaktoren, die an der Herstellung von Gütern mitwirken, sehr unterschiedliche Achtung zuteil: Während diejenigen, die Kapital zur Verfügung stellen, als »Kapitalgeber« bezeichnet werden, nennt man diejenigen, die ihre Arbeitskraft zur Verfügung stellen, »Arbeitnehmer«.

Die materielle Seite dieses Ungleichgewichts sieht etwa so aus: Wer kein Geld hat, muss dafür arbeiten. Wer aber den ganzen Tag arbeitet, hat keine Zeit mehr, Geld zu verdienen. Das ist keine Erfindung der Neuzeit. Die Früchte der A. landen von jeher bei denen, die die wichtigen Entscheidungen und/oder Produktionsfaktoren kontrollieren: in der Stammesgesellschaft bei den Stammesoberen; in der Agrargesellschaft bei den Bodeneigentümern; in der Industriegesellschaft bei den Kapitaleignern; in der Dienstleistungsgesellschaft bei den Besitzern von Know-how und Inhabern von Positionen im Top-Management; in der Informationsgesellschaft bei denen, die die Informationen und die Plattformen (siehe → Netzwerkeffekt) kontrollieren. Verändert haben sich lediglich die Beschwörungsformeln, mit denen die »einfachen« Menschen dazu gebracht werden, mit ihrer A. den Reichtum der Oberschicht zu finanzieren.

Diejenige A., an der vor allem andere verdienen, wird auch als objektbezogene A. bezeichnet. Dagegen umfasst dispositive A. die Leitungsaufgaben derjenigen, die es geschafft haben, an der Wertschöpfung anderer zu verdienen. (Natürlich lauten die offiziellen Definitionen anders.)

Arbeitswerttheorie

Ansatz zur Bemessung des wirtschaftlichen Wertes einer Ware, der diesen anhand der Arbeitszeit bestimmt, die zur Herstellung dieser Ware nötig ist. Voraussetzung ist dabei, dass die Ware einen Gebrauchswert besitzt.

Während nach der A. eine Ware sozusagen einen ihr innewohnenden, objektiven Wert besitzt (zu dem sie dann verkauft wird), ergibt sich dieser in der Grenznutzenschule erst mit dem Verkauf durch den erzielten Preis. Da mit jeder produzierten Einheit der → Grenznutzen sinkt (je mehr von einer Ware angeboten wird, desto weniger dringend wird das jeweils nächste Exemplar benötigt), ergibt sich der Wert der Ware (wie auch die produzierte Menge) aus dem Spiel von Angebot und Nachfrage.

Die A. wurde von Ikonen der klassischen Nationalökonomie (Adam → Smith, David → Ricardo) ebenso vertreten wie später von Karl → Marx. Bis heute halten marxistische Ökonomen an ihr fest, während wirtschaftsliberale Ökonomen in der Regel der Grenznutzenschule anhängen. Aus deren Perspektive kann die A. als ein Spezialfall betrachtet werden: Wenn Arbeit der (einzig) knappe → Produktionsfaktor ist, werden sich die Preise der Waren relativ proportional zur eingesetzten Arbeitszeit einpendeln. Was zu dem Gedanken führt, dass die A. vor allem Gültigkeit für die Produktionsbedingungen des vorindustriellen Zeitalters beanspruchen kann; als etwa ein Meister einen Tag Arbeit aufwenden musste, um ein Paar Schuhe herzustellen, waren Material- und sonstige Kosten tatsächlich nachrangig gegenüber der Arbeitszeit. Trotzdem besitzt auch in einem solchen Spezialfall die Nachfrage zumindest ein »Veto-Recht« gegenüber dem Preis: Produkte, die den Preis der eingesetzten Arbeitszeit in den Augen der Käufer nicht wert sind, verschwinden vom Markt.

In der Praxis haben beide Denkansätze bzw. die darauf aufbauenden Wirtschaftssysteme ihre Nachteile: Wenn der Marktpreis den Wert einer Ware und damit auch den der eingesetzten Arbeit bestimmt, führt das immer wieder zu Rationalisierungsmaßnahmen (also Entlassungen, siehe → Euphemismus) und Lohnsenkungen. Wird dagegen ein am Arbeitswert bemessener Verkaufspreis durchgesetzt, fallen die Preise als Indikatoren für → Knappheit weg. Wie die Erfahrungen in den sozialistischen Staaten bis 1990 zeigen, verhindert dann auch keine mit großer → Macht (samt der Möglichkeit ihres Missbrauchs) ausgestattete Planungsbehörde, dass Ressourcen verschwendet werden und an den Bedürfnissen der Menschen vorbei produziert wird.

argumentum ad hominem

(lat.: »Beweismittel zum Menschen«), Methode, sich durch Diskreditierung einer Person die sachliche Auseinandersetzung (»argumentum ad rem«) mit der von ihr vertretenen Position zu sparen. Mögliche Mittel dazu sind die Unterstellung eigennütziger oder unmoralischer Motive, mangelnder Intelligenz oder psychopathologischer Ursachen. Eine Sonderform ist das scheinbare Eingehen auf die Argumente des anderen, die aber durch absichtliches Missverstehen so verdreht und ins Absurde gesteigert werden, dass ihre Indiskutabilität jedem vernünftigen Menschen ohne weitere Worte einleuchten muss.

Die wahrhaft Mächtigen in einem sozialen System, vom Tresen der heimischen Stammkneipe bis zur internationalen Politik, erkennt man daran, dass sie sich jederzeit nach Belieben des a. a. h. bedienen können – und damit durchkommen.

Aufklärung

Epoche in der europäischen Geistesgeschichte von ca. 1650 bis 1800.

Mit Hilfe der Vernunft wollte die A. alles überwinden, was dem (gesellschaftlichen und wissenschaftlichen) Fortschritt im Wege stand. Der Macht- und Wahrheitsanspruch weltlicher und geistlicher Autoritäten sollte durch rationales Denken kritisiert – nach Immanuel Kant (* 1724, † 1804) vor den »Richterstuhl der Vernunft« geladen – werden, die Menschen sollten aus der inneren und äußeren Abhängigkeit herausgeführt werden (Kant: »Aufklärung ist der Ausgang des Menschen aus seiner selbst verschuldeten Unmündigkeit.«) und ein freies, selbstbestimmtes Leben führen.

Man könnte die A. als die eigentliche Reformation bezeichnen. Denn während die Reformation des 16. Jahrhunderts am Ende nur zu einer Kirchenspaltung führte, drängte die A. erfolgreich den Einfluss der Kirchen zurück, die ihre → Macht darauf gebaut hatten, als mittelnde Instanz zwischen Gott und den Menschen zu stehen. Die A. stritt für im Kern christliche Ideen wie die Gleichheit/Gleichwertigkeit aller Menschen, Gerechtigkeit oder die Möglichkeit jedes Menschen, ohne eine vermittelnde Instanz Gott (in säkularisierter Variante: die Wahrheit) erkennen zu können.

Dies geschah jedoch um den Preis einer Überhöhung der Vernunft zu einem quasi-göttlichen Absolutum. Doch die menschliche Vernunft ist, vergleichbar mit der menschlichen Hand, »nur« ein evolutionär entstandenes Werkzeug: zwar leistungsstark und vielseitig einsetzbar, aber kein allem anderen überlegenes Phänomen. Geschwächt wurde die A. auch durch den Einfluss zweier Denker: Jean-Jacques → Rousseau pflanzte dem Optimismus der A. eine faktisch rückwärtsgewandte Naturzustands-Utopie ein. Georg Wilhelm Friedrich → Hegel verführte dazu, kritisches Denken durch intellektuelle Spielerei aus These, Antithese und Synthese zu ersetzen. Den eigentlichen Todesstoß versetzte der A. jedoch die Französische Revolution (ab 1789), die von vielen Aufklärern erst enthusiastisch begrüßt wurde, wegen ihrer Greueltaten dann aber allgemein zu Entsetzen und Desillusionierung führte. Anknüpfend an den Gedanken Friedrich Schillers (* 1759, † 1805), man müsse »den Menschen« zur Freiheit erst erziehen, bildete sich eine neue, säkulare Priesterklasse heraus, deren Mitglieder sich bis heute als Aufklärer betrachten, als ihre historische Mission aber die Erziehung und Bevormundung aller übrigen Menschen ansehen.

Zunächst richtete sich die Kritik der A. gegen alles, was ihre Ideale – Menschen- und Bürgerrechte, Freiheit, Gleichheit, Toleranz, Bildung und Wissenschaft, die Orientierung des Staates am Gemeinwohl – in ihrer Entfaltung hinderte. Doch bald zeigte sich, dass eine verabsolutierte (und ihren eigenen Herrschaftsanspruch nicht hinterfragende) Vernunft kein Maß in ihrer Kritik kannte. Die Ideale, um derentwillen die Aufklärer zu Felde gezogen waren, wurden in der anschließenden → Moderne selbst Ziel der Kritik. Und da es keine rationale Begründung für moralische Regeln gibt, hielten sie der Kritik genau so wenig stand wie zuvor der Machtanspruch von Adel und Kirche. Max Horkheimer (* 1895, † 1973) und Theodor W. Adorno (* 1903, † 1969) stellten in den 1940er-Jahren in ihrer Essaysammlung »Dialektik der Aufklärung« die These auf, dass im Begriff des aufklärerischen Denkens bereits die Saat für eine neue Barbarei angelegt sei.

Nachdem die A. ihre einstigen Ideale demontiert hat, konnte sie dem scheinbar un-ideologischen Materiellen, der Macht des Faktischen, dem unbegrenzte Profit, nichts anhaben. Wie Horkheimer und Adorno bemerken (*), wäre es »abergläubisch«, nicht aufgeklärt, auf einen Gewinn zu verzichten, nur weil man an Prinzipien der Aufklärung festhält. Als »Richterstuhl der Vernunft« werden also voraussichtlich die im Freihandelsabkommen → TTIP vereinbarten Schiedsgerichte fungieren.

(* Dialektik der Aufklärung, Exkurs II: Juliette oder Aufklärung und Moral, 4. Absatz.)

Bail-out

(von engl. to bail out: aus der Klemme/Patsche helfen, gegen Kaution aus dem Gefängnis holen), die auch als »Rettungsschirm« bezeichnete, während der → Eurokrise reihenweise praktizierte »Rettung« von Banken durch Schuldenübernahme seitens der Staaten. Milliardenverluste durch faule Wertpapiere wurden aus Steuermitteln bezahlt, weil man die betreffenden Banken für → systemrelevant hielt (also: groß genug, um über dem Gesetz zu stehen). Den Pleite-Bankern, die bald darauf schon wieder millionenschwere Boni kassierten, signalisierte man damit, auch in Zukunft besinnungslos mit maximalem Risiko zocken zu können (ein ökonomischer Fehlanreiz namens »Moral Hazard«). Was sie natürlich auch taten, denn schließlich bedeutet »to bail out something« auf Deutsch »etwas ausschöpfen«. Um eine Solidarisierung der geschröpften Bürger zu vermeiden, wurde das B.-o. als Transferzahlungen zwischen Staaten dargestellt (→ Divide et impera).

Abgeleitet von B.-o. ist die Bezeichnung Bail-in, die Beteiligung der Gläubiger einer Bank an der Sanierung, die erstmals 2013 in Zypern praktiziert wurde. Zwar gibt es die Formulierung »to bail someone in« im Englischen nicht, aber sie würde möglicherweise etwas wie »jemanden in die Scheiße reiten« bedeuten. Zu den Gläubigern einer Bank gehören neben professionellen Großanlegern nun mal auch Kontobesitzer, Sparer und Kleinanleger. Statt der Allgemeinheit trifft es also einige wenige, aber dafür richtig. Sollten Sie sich damit beruhigen wollen, dass Einlagen bis 100 000 € durch die Einlagensicherung gesetzlich geschützt sind, dann suchen Sie nicht im Internet nach »Bail-in Italien«.

Banken

im späten Mittelalter in Norditalien entstandene Unternehmen; neben den → Versicherungen eine frühe Möglichkeit, mit Geld noch mehr Geld zu verdienen (→ Frühkapitalismus). Schon ab dem 13. Jahrhundert unterhielten große Bankiersfamilien ein europaweites Filialnetz. Das kam Händlern entgegen, die an wichtigen Messe- und Handelsplätzen Geld abheben konnten und so auf ihren gefährlichen Reisen nur wenig Bargeld mit sich führen mussten. Den Bankiers bot es die Möglichkeit, durch für sie günstige Wechselkurse einen Gewinn zu erzielen – unter Umgehung des kirchlichen Zinsverbots (das in der frühen Neuzeit aufgehoben wurde).

Die Geschäftsidee der B. ist, sich gegen Zahlung von → Zinsen Geld zu leihen und dieses gegen Zahlung höherer Zinsen wieder zu verleihen. Die mit dem von ihnen eingesammelten Geld verbundene → Macht haben die B. schon immer gerne mitgenommen. Ließen sich die Bankiers früher von Königen und Päpsten mit Privilegien, Adelstiteln und Monopolen ausstatten, so sichern sie sich heute als Aufsichtsräte Einfluss in den von ihnen mit Kredit bedachten Unternehmen.

Die strikte Trennung von Geschäfts- und Investmentbanken hat lange garantiert, dass riskante Spekulationen nur mit dem Geld risikobereiter Investoren unternommen wurden, während Spareinlagen für Kredite (mit relativ geringem Ausfallrisiko) verwendet wurden und somit sehr sicher waren. Nach Aufhebung dieser Trennung war das Kreditgeschäft vielen Bankern nicht mehr → sexy genug, so dass auch mit den Geldern nichtsahnender Sparer oder institutioneller Anleger wie Pensionskassen hochriskant spekuliert wurde. B., die im Zuge der Finanzkrise als → systemrelevant (engl.: »too big to fail«) geadelt wurden, haben die Quadratur des magischen → Dreiecks der Vermögensanlage erreicht: Sie können auf die maximalen Renditen zocken. Wenn das in die Hose geht, trägt das Risiko der Steuerzahler.

Beschwichtigungstheorie

Gegenteil einer → Verschwörungstheorie. Während der Verschwörungstheoretiker hinter dem, was geschieht, das konspirative Wirken dunkler Mächte vermutet, ist der Beschwichtigungstheoretiker deutlich weniger phantasievoll: Er lässt nicht den kleinsten Zweifel gelten an seiner Auffassung, dass die Welt genau so ist, wie sie uns erscheint, in Schulbüchern beschrieben und von Politikern erklärt wird. Wenn die Regierung sagt, dass die Renten sicher seien und niemand vorhabe, eine Mauer zu bauen, dann ist nach Ansicht des Beschwichtigungstheoretikers jeder Zweifler an diesen Wahrheiten ein durchgeknallter Verschwörungstheoretiker – dessen Argumente er keiner Erwiderung würdigt, sondern sie stattdessen genüsslich ins Lächerliche zieht.

Würden manche Verschwörungstheoretiker durchaus einen passablen Detektiv oder investigativen Journalisten abgeben, so wären viele Beschwichtigungstheoretiker die ideale Besetzung für das Amt des Regierungssprechers. Durch keine noch so drückenden Indizien lassen sie sich davon abbringen, dass im Prinzip alles gut ist. Die nicht zu leugnenden Verbrechen, Ungerechtigkeit und ökonomische Ausbeutung sind das Werk »verrückter Einzeltäter« oder der paar »schwarzen Schafe«, die es eben überall gibt. Die partei-politische Variante der B. besagt, dass an allem die von → Dummheit und Machtgier beherrschte Regie-rungspartei schuld ist und alles na-türlich sofort gut wird, wenn die von Weisheit und edlen Motiven fast platzende eigene Partei an die Macht kommt. Wenn sich nach dem Macht-wechsel die Situation nicht bessert, sondern weiter verschlechtert, ist das auch noch Jahrzehnte später aus-schließlich die Folge der Fehler der Vorgängerregierung.

Während manche Anhänger von Verschwörungstheorien möglicherweise zu viele Polit-Thriller oder Fantasy- und Science-Ficti-on-Filme geschaut haben, dürften Anhänger von B. eher im Heimat-film der 1950er-Jahre und seinen öf-fentlich-rechtlichen Pendants der Jetztzeit zu Hause sein. Die Mut-ter aller B. verdanken wir allerdings keinem Seichte-Unterhaltungs-Jun-kee, sondern dem deutschen Philo-sophen Gottfried Wilhelm Leibniz (* 1646, † 1716). Er stellte die Theo-dizee-Frage, wie sich das Vorhan-densein von Leid (oder allgemein: die Unvollkommenheit/Verbesse-rungswürdigkeit der Welt) mit dem Bild eines allmächtigen und gütigen Gottes vereinbaren lasse. Da er sich einen Gott, der entweder nicht all-

mächtig oder nicht allgütig ist, nicht vorstellen wollte, schloss Leibniz messerscharf, dass wir in der besten aller möglichen Welten leben müs-sen. Gott hat also das Mögliche ge-tan, mehr war halt nicht drin.

Im Gegensatz zu Leibniz, dessen Theorie Ergebnis eines intensiven Nachdenkens war, sind zeitgenös-sische Beschwichtigungstheoretiker (sofern nicht durch handfeste Inter-essen) meist von einer bis ins Fata-listische gesteigerten Denkfaulheit geleitet. Dem widerspricht nicht, dass es auch – und vielleicht beson-ders – gebildete Menschen und ver-meintliche Experten sind, die durch B. in falscher Sicherheit sich wiegen. Dies beschrieben bereits Max Hork-heimer (* 1895, † 1973) und Theo-dor W. Adorno (* 1903, † 1969) in der »Dialektik der Aufklärung« (Abschnitt »Gegen Bescheidwis-sen«): Viele »Gescheite« hatten aus allerhand, auf Erfahrung und Sach-verstand beruhenden Gründen den Aufstieg des Nationalsozialismus für unmöglich erklärt. Erfahrung und Sachverstand sind jedoch nur so lange ein zuverlässiger Kompass, wie das System besteht, in denen sie sich herausgebildet haben. Sie führen und verführen zu Fehlurteilen, wenn sich eine Macht (in diesem Fall Hitler bzw. die Nationalsozialisten) nicht an die Regeln dieses Systems hält.

Blase

auch Spekulationsblase, Bezeichnung für eine Situation am Markt, in der Preise für Güter oder Vermögenswerte (z. B. → Aktien, Immobilien, Rohstoffe) bei hohem Handelsvolumen weit über ihren inneren Wert (→ Fundamentalanalyse) hinaus steigen. Die Phase immer weiter steigender Kurse endet in der Regel mit einem abrupten Absturz, einem Börsencrash.

Die erste überlieferte Blasenbildung – und eine der kuriosesten – war die Tulpenmanie in den Niederlanden. Zeitweise wurden für Tulpenzwiebeln Summen bezahlt, die dem Preis eines Hauses mitten in Amsterdam entsprachen. 1637 platzte die Blase, viele Zwiebelbesitzer verloren ihr Vermögen. Bereits mit dem Namen »B.« bezeichnet wurde die Südseeblase (»South Sea Bubble«) 1720, bei der Aktien der britischen South Sea Company zeitweise märchenhafte Höhen erreichten, obwohl die Gesellschaft noch kein Geld verdient und noch keine Dividende gezahlt hatte. Nachdem der britische König und einige Eingeweihte ihre Anteile verkauft hatten, platzte die B., stürzte Anleger in Armut und das Land in eine Rezession. Der Wiener Börsenkrach am 9. Mai 1873 (»Schwarzer Freitag«, »Gründerkrach«) beendete eine Phase teilweise auf Spekulation beruhenden Wachstums seit der Gründung des Deutschen Reichs 1871 (»Gründerzeit«) und war Auftakt für eine bis in die 1890er-Jahre andauernde Phase wirtschaftlicher Stagnation in vielen Industrieländern (»Gründerkrise«, »Große Depression«). Der Börsencrash vom 24. bis zum 29. Oktober 1929 (»Schwarzer Donnerstag« bzw. »Schwarzer Dienstag«) beendete eine Phase jahrelang steigender Kurse und gab den Auftakt zur Weltwirtschaftskrise der 1930er-Jahre, mit den Folgen Massenarbeitslosigkeit, politische Instabilität und → Keynesianismus. Im März 2000 platzte die B. am Neuen Markt (»Dotcom-B.«). Und das Platzen der amerikanischen Immobilien-B. 2007 samt daraus sich ergebender Bankenkrise verursachte die Finanzkrise, der Sie Ihre augenblickliche Lektüre verdanken.

Anzeichen von Blasenbildung können sein: Die Kurse steigen dauerhaft (und immer schneller), auch bei bereits bestehender Überbewertung; immer mehr (oft unerfahrene) Käufer drängen auf den Markt; »billiges Geld«; Spekulation ersetzt Investition (alle reden von schnellen Kursgewinnen, »langweilige« Zinsen, Dividenden oder Mieten bleiben unberücksichtigt); zunehmende mediale Aufmerksamkeit ruft »Goldgräberstimmung« hervor, eine Mischung aus → Gier und der → Angst, die Party des Jahrzehnts zu verpassen. Und: Die Akteure an der Börse wiegeln ab. Auf Anzeichen einer sich bildenden B. und die Möglichkeit eines Crashs angesprochen, antworten sie, es drohe keine Gefahr, diesmal sei alles anders (ist es aber nicht).

Warum kommt es immer wieder zu Crashs? Am plausibelsten klingt die Greater-Fool-Hypothese. Danach denkt der Käufer etwa so: »Es ist zwar idiotisch, zu diesem Preis zu kaufen, aber ich werde einen noch größeren Idioten finden, der es mir zu einem höheren Preis wieder abkauft« (→ Schneeballsystem). Die Möglichkeit, selbst als Letzter in einer Reihe immer größerer Idioten zu stehen, wird immer mehr verdrängt, bis auf dem Höhepunkt der B. der kleinste Auslöser (z. B. ein leichter Kursrücksetzer, eine Zinserhöhung, ein hinter den Erwartungen zurückbleibendes Quartalsergebnis) genügt, um eine Kettenreaktion von Panikverkäufen auszulösen, die die Kurse ins Bodenlose stürzen lässt.

Das wiederholte Auftreten von B. sollte eigentlich allein Grund genug sein, die Denkmodelle des vollkommenen → Marktes und des rational handelnden Menschen (→ Homo oeconomicus) aufzugeben.

Börsenbericht, täglicher

von Montag bis Freitag ausgestrahlte Routine, in der ein älterer Herr im Anzug oder eine mittelalte Dame im Hosenanzug vor der Kulisse eines Börsenparketts mit einer DAX-Kurve steht und sinnfreie Sätze von »nervösen Märkten« und »psychologisch wichtigen Schwellen« in ein Mikrofon spricht. Die Relevanz dieser Informationen für das Verständnis des Börsengeschehens ist in der Regel unterhalb der Messbarkeitsschwelle.

Niemand bestreitet, dass Börsenereignisse – zum Beispiel im Falle außergewöhnlich starker Kursbewegungen – Nachrichtenwert besitzen. Und gut recherchierte Hintergrundberichte wären auch ohne tagesaktuellen Bezug durchaus mit dem Informationsauftrag des öffentlich-rechtlichen Fernsehens zu vereinbaren. Der real existierende t. B. dagegen hat im günstigsten Fall für den Zuschauer keinen Informationswert. Im ungünstigen suggeriert er, das komplizierte Börsengeschehen sei tatsächlich mit ein paar griffigen Floskeln (und etwas → Chartanalyse) zu begreifen.

Bevor der t. B. auf den Sendeplatz 19:55 Uhr verschoben wurde, vermittelte zumindest seine Platzierung innerhalb der Nachrichten ein Körnchen Wahrheit: zwischen Sport, Lottozahlen und Wetterbericht.

Boykott

ursprünglich Form des gewaltlosen Widerstandes, bei der Personen, Unternehmen oder Staaten durch Nichtbeachtung, Verweigerung von Geschäftsbeziehungen (z. B. Verzicht auf Warenkauf) u. a. sozial geächtet werden sollen. Ziel des B. ist es i. d. R., den Boykottierten zu einer Verhaltensänderung zu bewegen, manchmal auch, ihn endgültig in die Knie zu zwingen – etwa ein Unternehmen in den Ruin zu treiben oder zumindest vom Markt zu verdrängen. Der Name geht zurück auf den britischen Gutsverwalter Charles Cunningham Boycott (* 1832, † 1897), der 1880 in Irland aufgrund seiner harten Haltung gegenüber den Pächtern von der irischen Bevölkerung »boykottiert« wurde: Pächter und Arbeiter kündigten, niemand kaufte von ihm oder verkaufte an ihn, die Bahn transportierte sein Vieh nicht mehr – bis er Irland verließ.

Spätere B.-Aktionen waren u. a. die indische, von Mahatma Gandhi (* 1869, † 1948) organisierte »Kampagne der Nichtkooperation« 1920–22 gegen die britische Kolonialmacht und der Busboykott von Montgomery 1955/56, mit dem die amerikanische Bürgerrechtsbewegung gegen die rassistische Benachteiligung und Schikanierung der afroamerikanischen Bevölkerung protestierte.

Inzwischen teilt der B. das Schicksal aller Waffen, die einmal dem Kampf gegen Unterdrückung gedient haben: Die Mächtigen haben ihn okkupiert. Heute dient er Unternehmen im Kampf gegen unliebsame Konkurrenten. Staaten setzen ihn gegeneinander ein. Regierungen oder gesellschaftliche Gruppen rufen zum B. auf, um unerwünschtes Verhalten Einzelner in einer vom Gesetz nicht vorgesehenen Weise zu sanktionieren – oder um ganze Bevölkerungsgruppen auszugrenzen, wie beim nationalsozialistischen Boykottaufruf gegen jüdische Geschäfte, Praxen, Kanzleien u. a. am 1. April 1933.

Bruttoinlandsprodukt

Abk. BIP, Summe aller Produkte und Dienstleistungen, die innerhalb eines Jahres in einem Land erzeugt wurden. Das BIP gilt als wichtiger Maßstab für den Wohlstand eines Landes und die wirtschaftliche Leistung einer Volkswirtschaft verwendet. Früher wurde dazu meist das Bruttonationaleinkommen (BNE) herangezogen, das damals noch »Bruttosozialprodukt« hieß. Im Gegensatz zum BNE erfasst das BIP auch die Leistungen der Ausländer, die in dem betrachteten Land arbeiten. Dafür erfasst das BIP nicht die Leistungen, die Inländer im Ausland erbringen. Anders formuliert: Das BIP wird nach dem Inlandsprinzip errechnet, das BNE nach dem Inländerprinzip.

Buchführung, doppelte

(auch Doppik), im mittelalterlichen Italien entwickeltes und 1494 vom italienischen Franziskanerpater Luca Pacioli beschriebenes System der Finanzbuchhaltung. Im Gegensatz zur Einnahmeüberschussrechnung, bei der Einnahmen und Ausgaben einander gegenübergestellt werden, Bestandsveränderungen (z. B. im Warenlager) aber unberücksichtigt bleiben, erfasst die d. B. jeden Geschäftsvorgang zweimal.

In der d. B. wird eine Bilanz aufgestellt, in der die »Aktiva« – Vermögenswerte wie z. B. Bargeld, Immobilien, Maschinen oder Rohstoffe – den »Passiva« gegenübergestellt werden. Die Passivseite der Bilanz gibt über die Herkunft der Mittel Auskunft, führt unter anderem das Fremdkapital (langfristige und kurzfristige Darlehen, offene Rechnungen von Lieferanten) auf. Die Bilanz muss ausgeglichen sein – die Summen der Aktiva und der Passiva sind also immer gleich. Einfach gesagt, entspricht die Differenz zwischen Vermögen und Verbindlichkeiten dem Eigenkapital, das ebenfalls ein Passivposten ist. Ist diese Differenz (also das Eigenkapital) negativ, ist das Unternehmen pleite.

Auf beiden Seiten der Bilanz gibt es Konten, die jeweils eine Soll- und eine Habenseite aufweisen. Jede Buchung berührt zwei Konten, einmal auf der Soll-, einmal auf der Habenseite. Bei den Aktivkonten wird ein Zugang auf der Sollseite verbucht, bei den Passivkonten auf der Habenseite. Beispiel: Wird der Kauf eines Rohstoffs per Direktüberweisung bezahlt, wird dies auf der Sollseite des Rohstoffkontos (aktiv) als Zugang, auf der Habenseite des Bankkontos (aktiv) als Abgang verbucht. Wird nicht sofort bezahlt, erfolgt die Haben-Buchung stattdessen auf dem Konto »offene Lieferantenrechnungen« (passiv) als Zugang (Erhöhung der Verbindlichkeiten). Weil bei der d. B. z. B. der Kauf einer Maschine gleichzeitig als Auszahlung des Kaufpreises und als Wertsteigerung des Maschinenparks in gleicher Höhe verbucht wird, kann ein Unternehmen das Jahresergebnis nicht einfach dadurch drücken oder verbessern, dass es den Kauf ins alte Jahr vorzieht oder aufs neue Jahr verschiebt.

Während die d. B. für Unternehmen schon lange obligatorisch ist, stellen öffentliche Haushalte nur langsam auf die Prinzipien der Doppik um, etwa das Neue kommunale Finanzmanagement in Nordrhein-Westfalen und unter anderem Namen in einigen anderen Bundesländern.

Wer Sinn für makabren Humor hat, kann das Thema durch die Lektüre des Romans »Christie Malrys doppelte Buchführung« von B. S. Johnson (* 1933, † 1973) vertiefen.

Budgetrecht

Recht eines Parlaments, den Haushaltsplan eines Staates zu verabschieden – also über seine Einnahmen und Ausgaben innerhalb einer bestimmten Periode (meist eines Jahres) zu entscheiden. Das B. ist das wichtigste Recht des Parlaments – und eines der ältesten. Das findet unter anderem darin Ausdruck, dass die jährliche Haushaltsdebatte regelmäßig zu einer Abrechnung der Opposition mit der Politik der Regierung führt.

Das B. eines Parlaments ist Ausdruck dafür, dass in einer parlamentarischen Demokratie das Volk der Souverän ist. Obwohl die Bürger die Ausgaben des Staates durch Steuern und andere Abgaben finanzieren (müssen), behalten sie durch das B. ihres demokratisch gewählten Parlaments die Verfügungsmacht über die Früchte ihrer Arbeit. Das unterscheidet sie von Sklaven oder Leibeigenen. Ein Parlament, dem die letzte Entscheidungsmacht über Einnahmen und Ausgaben genommen würde, wäre nur noch ein Organ der Selbstverwaltung in einer Sklavengesellschaft.

Bulle und Bär

Symbole für Phasen anhaltend steigender (Bullenmarkt, Hausse) bzw. anhaltend sinkender Kurse (Bärenmarkt, Baisse). Um die beiden nicht zu verwechseln, kann man sich merken: Der Bulle stößt mit seinen Hörnern nach oben, der Bär schlägt mit seiner Pranke nach unten. Oder, mit kreativer Rechtschreibung: Der Bulle ist ein Hauss-Tier, der Bär baisst.

Nicht nur mit steigenden Kursen lässt sich an der Börse Geld verdienen. Auch bei fallenden Kursen kann man Gewinne einstreichen, etwa durch → Leerverkäufe. Bei Verlusten ist das Geld nicht einfach weg – es gehört nur jetzt jemand anderem. Analog zu einem Bonmot aus dem Sport – »Der Sturm gewinnt Spiele [oder auch: Der Sturm verkauft Eintrittskarten], die Abwehr gewinnt die Meisterschaft.« – lässt sich vielleicht sagen: Der Bulle lockt weniger erfahrene Anleger an die Börse, der Bär sammelt ihr Geld ein.

C

CETA

Abk. für Comprehensive Economic and Trade Agreement, geplantes Freihandelsabkommen zwischen der Europäischen Union und Kanada; nicht so bekannt wie → TTIP, droht aber ebenso wie dieses, mittels Schiedsgerichten (→ Investitionsschutzabkommen) die Entscheidungsgewalt demokratisch gewählter Parlamente und Regierungen zu untergraben.

Weil vor Eishockey spielenden Holzfällern mit Biberfellmützen niemand Angst hat, könnte CETA auch der politisch leichter durchzusetzende Versuchsballon sein, der dann anschließend als Präzedenzfall für TTIP dient. Die meisten großen US-Konzerne bräuchten dann allerdings gar kein TTIP mehr, da sie über kanadische Filialen verfügen und somit auch im Rahmen von CETA schon europäische Staaten vor Schiedsgerichten verklagen könnten.

ceteris paribus

Abk. c. p. (lat. »unter sonst gleichen Bedingungen«), vereinfachende Annahme bei der Konstruktion von → Modellen. Die C.-p.-Annahme erlaubt es, in einem Modell eine einzige Variable zu verändern, alle anderen aber unverändert zu lassen, um so Vorhersagen über die Auswirkungen einer Veränderung dieser Variable für das betrachtete System treffen zu können.

Der tschechische Ökonom Tomáš Sedláček (»Die Ökonomie von Gut und Böse«, 2009, Kapitel 14) bezeichnet c. p. als eine »Zauberformel« der Ökonomen für Zukunftsprognosen. Die Welt sei jedoch kein Modell, und aus diesem Grunde halte sich die Realität oft nicht an die C.-p.-Formel.

Denn in der Realität stehen maßgebliche Größen in einem komplexen Zusammenhang, der es nicht erlaubt, wie in einem Laborversuch einen einzigen Faktor isoliert von den anderen zu variieren und dann das Resultat zu messen. Die angenehme Konsequenz für den Ökonomen: Wenn seine Vorhersagen mal wieder nicht eintreffen, bedeutet das nicht, dass sie falsch wären – ihre Gültigkeit ist lediglich auf eine modellhafte Umgebung beschränkt, der im konkreten Fall die Realität nicht entsprach. Die unangenehme Konsequenz für uns alle: Wir richten politische und wirtschaftliche Entscheidungen an den Theorien aus, die, statt wirklich Gesellschaftswissenschaft zu sein, eher eine schöngeistige Spielerei mit mathematischen Modellen darstellen.

Chartanalyse

(auch technische Analyse), Methode zur Voraussage künftiger Kursentwicklungen von Wertpapieren (z. B. → Aktien) aus dem bisherigen Kursverlauf. Sie wird in der Regel von kurzfristig orientierten Anlegern, die auf schnelle Gewinne aus sind, bevorzugt.

Die Grundannahme der C. ist, dass alle maßgeblichen Informationen für die zukünftige Entwicklung eines Kurses bereits in den Kursen der Vergangenheit enthalten sind. Der unbestreitbare Vorteil dieser Methode ist, dass man sich nicht (wie bei der → Fundamentalanalyse) mit langweiligen Quartals- oder Jahresberichten oder Kennzahlen wie Kurs-Gewinn-Verhältnis und Eigenkapitalquote herumschlagen und keine Unternehmensstrategien oder Marktentwicklungen bewerten muss. Es reicht aus, die Ausschläge einer Kurve zu betrachten und mit ihnen etwas herumzurechnen – was notfalls auch ein handelsüblicher Computer erledigt.

Dagegen fällt der einzige Nachteil der C. – ihre Grundannahme ist mindestens fragwürdig – nicht wirklich ins Gewicht. Zumal eine ausreichend große Anzahl von Börsen-Akteuren an diesen Hokuspokus glaubt und danach handelt, sodass ihre Voraussagen tatsächlich als selbsterfüllende Prophezeiung mindestens den kurzfristigen Kursverlauf bestimmen können. Aus diesem Grund allerdings sollten auch langfristig orientierte Anleger die C. zumindest bei der Wahl des Zeitpunktes einer Transaktion nicht ganz ignorieren.

Wenn sich irgendwann die Kurse durch das mit der C. verstärkte Herdentrieb-Verhalten zu weit von den angemessenen Preisen (dem »inneren Wert«) entfernt haben, entsteht eine → Blase und es kann zu einem Börsencrash kommen. Mancher Kleinanleger hat dann nicht nur viel Geld verloren, sondern meidet in Zukunft die chancenreiche Anlageklasse der Aktien ganz.

Chlorhühnchen

inoffiziell und plakativ verwendete Bezeichnung für Geflügelfleisch, das zur Desinfektion mit Chlordioxid versehen wurde.

Der Einsatz von Chlordioxid als Lebensmittelzusatzstoff ist in der Europäischen Union (EU) verboten, in den USA jedoch erlaubt. Das momentan verhandelte Transatlantische Freihandelsabkommen → TTIP könnte zur Folge haben, dass die

EU das 1997 ausgesprochene Verbot der Einfuhr von C. wieder aufheben müsste.

Gegenüber den existenziellen Bedrohungen für → Demokratie, → Rechtsstaat, Arbeitsrecht, Umweltschutz u. a., die von TTIP ausgehen, ist die Aussicht auf C. in unseren Supermarktregalen (wo man ja nicht zum Kauf gezwungen ist) recht harmlos. Wo immer die öffentliche Debatte über Freihandels- und Investitionsschutzabkommen auf C. heruntergebrochen wird, handelt es sich also um eine grobe (und ablenkende) Verharmlosung.

Coase-Theorem

auf den britischen Ökonomen Ronald Coase (+ 1910, † 2013; → Nobelpreis für Wirtschaftswissenschaften 1991) zurückgehender Lehrsatz, nach dem Probleme, die durch externe Effekte entstehen – also im weitesten Sinne Umweltverschmutzung –, durch Verhandlungen zwischen dem Verursacher (z. B. einem Unternehmen) und dem oder den Geschädigten (z. B. Anwohnern) gelöst werden können.

Nach Coase werden die Beteiligten durch Verhandlungen ein effizientes Ergebnis erzielen. Dies gilt unabhängig davon, ob dem Verursacher des externen Effekts ein Recht zur Emission zusteht (Laissez-faire-Regel) oder ob umgekehrt der potenziell Geschädigte ein Recht auf Unterlassen besitzt (Verursacherregel). Im ersten Fall wird der Geschädigte dem Verursacher Geld dafür zahlen, seine Emission auf einen Wert x zu reduzieren, im zweiten Fall wird dieser dem Geschädigten die Erlaubnis abkaufen, die Menge x emittieren zu dürfen. Die Menge x sei aber in beiden Fällen gleich.

In der Realität steht allerdings in der Regel nicht jeweils ein Verursacher einem Geschädigten gegenüber, sondern z. B. als Verursacher ein Unternehmen mit handfesten wirtschaftlichen Interessen und einer eigenen Rechts- und PR- Abteilung, als Geschädigte ein nicht genau abzugrenzender Kreis von unterschiedlich stark betroffenen Anwohnern mit heterogenen Interessen. Aber selbst wenn man dies außer Acht lässt, ist das C.-T. nicht haltbar. Mit seiner Entscheidung zwischen Laissez-faire- und Verursacherregel weist der Gesetzgeber Eigentumsrechte zu, er greift also zugunsten einer Seite und zulasten der anderen in die Vermögensverhältnisse ein. Die Ausstattung mit Kaufkraft ist aber ein maßgeblicher Aspekt bei Verhandlungen, in denen eine Seite der anderen das Recht auf Emission bzw. auf deren Reduzierung abkaufen möchte. Mindestens ebenso wichtig ist, dass derjenige, der vor den Verhandlungen das Recht auf seiner Seite hat, viel besser mit dem Status quo leben und die andere Seite notfalls auch durch Drohungen (de facto Erpressung) gefügig machen kann. Unter der Laissez-faire-Regel könnte ein Unternehmen beispielsweise nur deshalb höhere Emissionen ankündigen (oder gar realisieren), um sich das Recht dazu teuer abkaufen zu lassen. Wenn einzelne Akteure durch derartige Finten Einfluss auf die Preisbildung nehmen können, erfolgt diese nicht mehr nach den Gesetzen des (vollkommenen) → Marktes, sondern ist eher ein Untersuchungsgegenstand der → Spieltheorie.

Noch drastischer wird der Unterschied deutlich, wenn wir uns den Verursacher als einen international agierenden Lebensmittelkonzern vorstellen, der in einem Entwicklungsland Quellwasser (→ Wasser) abfüllt, um dieses in reichen Ländern als hochwertiges Mineralwasser zu verkaufen. Unter der Verursacherregel hat die ortsansässige Bevölkerung die Möglichkeit, dem Unternehmen z. B. Mittel für den Aufbau einer Infrastruktur (Schulen, medizinische Versorgung) zur Bedingung der Wassernutzung zu machen – und vor allem weiterhin einen Teil des Wassers für sich zu beanspruchen. Nach der Laissez-faire-Regel hat die Bevölkerung keine Chance, auch nur die überlebenswichtige Menge des Wassers zu »kaufen«, denn sie kann nicht annähernd so viel bezahlen, wie das Unternehmen in den Industrieländern als Verkaufserlös erzielt.

Kurz: Dass das C.-T. unserer Intuition zuwiderläuft, ist kein Zeichen einer uns Laien unverständlichen Genialität dieses Theorems. Es mahnt uns im Gegenteil, uns mehr auf unsere Intuition zu verlassen als auf hippe Denkmodelle.

Cree, Weissagung der

der besonders in den 1980er Jahren bekannte und (z. B. als Autoaufkleber) weit verbreitete Spruch der Umweltbewegung, der den Menschen der westlichen Welt prophezeit, dass sie erst nach der völligen Ausbeutung und der Zerstörung der natürlichen Umwelt feststellen werden, »dass man Geld nicht essen kann«. Anders als der Name vermuten lässt, stammt die W. d. C. nicht von einem Mitglied des nordamerikanischen Indianervolkes der Cree, sondern wurde diesem in den 1970er-Jahren in den Mund gelegt.

Die Kritik an den Auswüchsen unseres Wirtschaftssystems als Weisheit einer Zivilisation auszugeben, die außerhalb unserer »modernen« (»westlichen«) Zivilisation stand, hat ihr offenbar große Aufmerksamkeit gesichert. Ob es auch ein Weg ist, ihr Wirksamkeit zu verschaffen, ist allerdings fraglich. Denn eine solche Zuschreibung läuft Gefahr, den Fokus von der eigentlichen Kritik abzulenken und romantisch-schwärmerische Klischees vom »edlen Wilden« (→ Rousseau) zu wecken. Schwärmerei für eine (vergangene) Zivilisation, unter deren Lebensbedingungen die meisten von uns »modernen Menschen« binnen weniger Wochen verhungern würden, zeigt aber keinen Weg zur Lösung der Probleme unserer heutigen Gesellschaft auf.

Um unsere Probleme werden wir uns selbst kümmern müssen; kein indigenes Volk, kein fremder Häuptling wird uns die Arbeit abnehmen, unsere Gesellschaft gerechter und nachhaltig zu gestalten. Eine Rückbesinnung auf die humanitäre Kraft der → Aufklärung und die Kraft des Arguments (unabhängig von dessen Urheber) wäre da ein guter Anfang.

Cui bono?

(lat. »Wem zum Vorteil?« bzw. »Wem nützt es?«), auf den römischen Redner Marcus Tullius Cicero (* 106 v. Chr., † 43 v. Chr.) zurückgehende Frage, die bei der Ermittlung der Urheberschaft eines Verbrechens oder eines unerklärlichen politischen oder historischen Ereignisses nicht fehlen sollte. Wer aus einem Verbrechen den größten Nutzen zieht – so der Grundgedanke –, hatte somit auch das größte Motiv, es zu begehen.

Selbstverständlich ist das C.-b.-Argument kein Beweis, dass derjenige mit dem vermeintlich größten Nutzen auch Täter oder Drahtzieher war – zumal sich oft schwer beur-

teilen lässt, wer eigentlich von einem Ereignis profitiert. Ein solch unbesehener Rückschluss vom Nutzen auf die Urheberschaft fiele in den Bereich der → Verschwörungstheorien.

Trotzdem muss, wer ernsthaft an den Hintergründen eines Ereignisses interessiert ist, die C.-b.-Frage stellen – anstatt sich immer wieder mit dem Mantra von unfähigen Politikern, verrückten Einzeltätern und unerklärlichen Ermittlungspannen abspeisen zu lassen (→ Beschwichtigungstheorie). Warum wird diese Frage dann so selten gestellt. Warum wird so selten nachgeforscht, wer vom Handeln der offiziellen Sündenböcke profitiert? Wem nützt das Ignorieren der C.-b.-Frage?

Cum/Ex-Geschäft

eine Sonderform des Dividendenstrippings, einem Kauf und Rückkauf von → Aktien rund um den Dividendentag. Von einem C./E.-G. spricht man, wenn an diesem Geschäft ein Leerverkäufer (→ Leerverkauf) beteiligt ist.

Der Aktienkurs fällt mit dem Tag der Dividendenzahlung in der Regel um einen Betrag, der in etwa der Höhe der gezahlten Dividende pro Aktie entspricht; vor der Auszahlung notiert er »cum Dividende« (lat. »cum«: »mit«), danach »ex Dividende« (lat. »ex«: »aus ... heraus«).

Ein C./E.-G. ist eine Kombination aus dem Kauf eines Aktienpakets an einem Cum-Tag (kurz vor dem Dividendentag) und dessen Rückkauf an einem Ex-Tag, abgewickelt über einen Dritten, der als Leerverkäufer auftritt. Aufgrund einer Gesetzeslücke im deutschen Steuerrecht konnten auf diese Weise zwei der drei Beteiligten einen Anspruch auf Steuerrückerstattung erwirken, obwohl nur einer tatsächlich Steuern auf die erhaltene Dividende gezahlt hatte. 2012 wurde die Gesetzeslücke geschlossen, nachdem dies zuvor mehrere Finanzminister verschiedenfarbiger Regierungen nicht vermocht hatten. Bis dahin flossen auf diese Weise Milliarden an Steuergeldern an in- und ausländische Investoren – unter ihnen auch deutsche Prominente –, und sogar Landesbanken waren an der Abwicklung dieser Geschäfte beteiligt.

Dark Pools

Handelsplattformen, an denen Finanzprodukte anonym und außerhalb der regulären Börsen gehandelt werden. Sie stehen in der Regel nur Großanlegern bzw. institutionellen Anlegern (z. B. Versicherungen, Fonds) offen. D. P. bilden einen Teil des außerbörslichen Handels (Dark Trade), dessen Anteil am Handel in Europa inzwischen auf 40 % oder mehr geschätzt wird.

In D. P. können auch größere Posten von Wertpapieren (z. B. Aktien) gehandelt werden, ohne dass die übrigen Marktteilnehmer dies mitbekommen. Somit vermeiden die beteiligten Anleger, dass ihr Kauf- oder Verkaufsangebot den Kurs auf für sie unerwünschte Weise beeinflusst. Kritiker bemängeln daran u. a. die mangelnde Transparenz, fehlende Kontrolle (z. B. Insiderhandel) sowie eine geringere Liquidität der Papiere auf regulärem Markt, weil sich die außerbörslichen Transaktionen nicht in der Preisbildung niederschlagen – sie orientieren sich aber an den Preisen, die sich an den regulären Börsen gebildet haben.

Es mag auch »gute Gründe« für D. P. geben – etwa die Vermeidung größerer Kursschwankungen oder dass auch Kleinanleger und Versicherungskunden profitieren, wenn institutionelle Anleger Wertpapiere handeln können, ohne dass andere mitverdienen (z. B. durch → Hochfrequenzhandel). Wer so argumentiert, hat damit allerdings eingestanden, dass er nicht an den → vollkommenen Markt glaubt. Denn dieser beinhaltet vollkommene Markttransparenz – die vollständige Information aller Marktteilnehmer über alle gehandelten Güter. Die so oft beschworene Signalfunktion der Preise wird eingeschränkt, wenn ein beträchtlicher Teil des Handels sich nicht im Kurs niederschlägt.

Datenschutz

in einer Informationsgesellschaft – also einer Gesellschaft, in der die Kontrolle über Daten Macht bedeutet – grundlegende Voraussetzung für Gleichrangigkeit der Menschen und für persönliche Freiheit. Seit dem Siegeszug des Internets obsolet.

Deflation

allgemeines und dauerhaftes Absinken der Güterpreise in einer Volkswirtschaft. Die Kaufkraft des Geldes steigt also, während bei der → Inflation das Geld an Wert verliert.

Trotz dieses auf den ersten Blick angenehmen Umstandes können die Auswirkungen einer D. noch verheerender sein als die einer starken Inflation. Wenn alle erwarten, dass die Preise (noch mehr) fallen, werden viele geplante Käufe in die Zukunft verschoben. Die Folge sind dann tatsächlich weitere Preissenkungen. Unternehmen investieren weniger und versuchen, durch Kurzarbeit oder Entlassungen ihre Kosten zu reduzieren, was die Kaufkraft der Betroffenen weiter senkt. Die Steuereinnahmen des Staates brechen ein. Die Insolvenz von Unternehmen, die bei sinkendem Umsatz ihre Schulden nicht mehr bedienen können, verstärkt diese Entwicklung noch. Es besteht die Gefahr einer lang anhaltenden Depression, geprägt von Massenarbeitslosigkeit und schrumpfender Wirtschaft.

Demokratie

Herrschaft des Volkes, abgeleitet von »demos« (griech.: »Volk«) und »kratia« (griech.: »Herrschaft«). In der D. herrscht der Wille des Volkes, des Demos. Erschwert wird diese Herrschaft durch den ungezogenen kleinen Bruder des Demos, den Populus (lat.: »Volk«), der zu vereinfachenden und moralisch verwerflichen Ansichten neigt.

In einer parlamentarischen D. wählt das Volk Abgeordnete, die verschiedenen Parteien angehören. Jede Partei ist davon überzeugt, mit demokratischer Legitimation den Volkswillen umzusetzen, während sie der Gegenseite Populismus vorwirft. Wer von beiden recht hat, bestimmt ein informeller Wächterrat aus Journalisten, Verbandsfunktionären, Politikern, → Experten und Fernsehschauspielern, die in immer neu, aber vergleichbar zusammengesetzter Runde in ritualisierten Talkshows durcheinandersprechen.

Der sicherste Weg für die → Volksvertreter, der Gratwanderung zwischen Demos und Populus zu entgehen, ist es, beider Willen zu ignorieren und stattdessen auf Lobbyisten zu hören.

Der Besuch der alten Dame

1956 uraufgeführte Tragikomödie von Friedrich Dürrenmatt (* 1921, † 1990), die (u. a.) die Macht ökonomischer Sachzwänge zeigt.

Eine Milliardärin kehrt als ältere Frau (»alte Dame«) in die Kleinstadt zurück, in der sie aufgewachsen ist, um sich für erlittenes Unrecht zu rächen. Sie bietet der Stadt und ihren Bewohnern eine Milliarde für den Tod ihres früheren Geliebten Alfred Ill, der sie 45 Jahre zuvor schwan-

ger sitzen ließ. Die Einwohner lehnen dies zwar entrüstet ab, beginnen aber kurz darauf, so zu leben, als erwarteten sie einen großen Geldsegen. Plötzlich ist jeder kreditwürdig, und die Bürger – einschließlich Ills Frau und seiner Kinder – gönnen sich Konsumartikel, die sie sich eigentlich nicht leisten können. Nachdem Ills Tod dadurch zur ökonomischen Notwendigkeit geworden ist, schlägt die Stimmung gegen ihn um, und die Menschen verurteilen Ill für sein damaliges Verhalten. Schließlich stimmt die Stadtversammlung für die Tötung Ills (offiziell für die Annahme der Stiftung der Milliardärin), und er wird umgebracht.

Derivate

(von lat. »derivare«: »ableiten«), Finanzinstrumente, deren Preis von der Kursentwicklung eines anderen Investments – des Basiswertes – abhängig ist. Als Basiswert können beispielsweise Aktienkurse, Aktienindizes, Rohstoffpreise oder Devisenkurse dienen.

Zu den D. gehören u. a. Termingeschäfte (Futures), bei denen sich ein Vertragspartner verpflichtet, dem anderen eine festgelegte Menge des Basiswerts zu einem festgelegten Preis zu liefern, der andere, diesen Preis zu bezahlen; ebenso Optionsgeschäfte (Optionen), bei denen das Recht, zum festgelegten Termin den Basiswert zu einem festgelegten

Preis zu kaufen, erworben wird – das bei negativer Kursentwicklung aber nicht ausgeübt werden muss. D. können gehebelt sein, die Kursschwankungen des Basiswertes also überproportional (z. B. im Verhältnis 2:1) abbilden, so dass deutlich höhere Gewinne (oder Verluste) als mit dem Basiswert zu erzielen sind.

D. können genutzt werden, um sich gegen Risiken abzusichern. Wer etwa zu einem bestimmten Termin eine Zahlung in einer Fremdwährung leisten muss (oder erhält), kann ein Termingeschäft als »Versicherung« gegen Währungsschwankungen abschließen. Oft werden D. allerdings genutzt, um zum Zweck der Gewinnerzielung auf künftige Kursentwicklungen zu wetten.

D. sind nicht notwendigerweise riskanter als z. B. Aktien, Anleihen oder Devisen. Allerdings sind sie oft komplizierter und weniger transparent als diese, so dass die ihnen innewohnenden Risiken für private Anleger schwerer erkennbar sind. Ein oft geäußerter Tipp für Anleger ist daher, niemals in ein Papier zu investieren, das man nicht versteht. Zu beachten ist auch das Emittentenrisiko: Wenn Sie mit einer Bank auf den zukünftigen Kurs einer Aktie wetten, zahlen Sie nicht nur bei Kursverlusten der Aktie drauf, sondern auch, wenn die Bank in der Zwischenzeit pleitegeht.

Deutsche Demokratische Republik

Abk. DDR, Satellitenstaat in Mitteleuropa (1949–1990).

Zwar gab es in der DDR mehrere Parteien, diese waren jedoch zu einem Parteienblock zusammengeschlossen, so dass die Bürger keine Möglichkeit besaßen, durch Wahlen Einfluss auf die Politik zu nehmen. Der herrschenden Linie zuwiderlaufende Fakten oder Meinungen gelangten nicht zur Veröffentlichung, da die Medien der Kontrolle der Staatspartei unterlagen und sich auf Lobpreis der herrschenden Verhältnisse beschränkten. Auch Künstler und Wissenschaftler mussten im Falle abweichender Äußerungen mit persönlichen Konsequenzen rechnen. Anderes wurde totgeschwiegen, diffamiert und bekämpft, auch durch umfassende Bespitzelung. Die zunehmende Kritik innerhalb der Bevölkerung konnte daher öffentlich nicht geäußert werden und nicht bis zum kleinen Zirkel der Mächtigen vordringen, die sich mehr und mehr von der Lebenswelt der Regierten abschotteten. So kam es trotz großer Unzufriedenheit zu keiner Kurskorrektur, die Politik erschöpfte sich in leeren Ritualen, Beschwörungsformeln und der Anwendung althergebrachter, ideologisch geprägter Lösungsrezepte auf neue Probleme. Das Zutrauen der Menschen in ihren

Staat zerfiel noch schneller als die Infrastruktur.

Während die DDR-Führung sich in einer gespenstischen 40-Jahr-Feier noch selbst auf die Schulter klopfte, überwanden die Menschen ihre Angst, sagten öffentlich ihre Meinung und demonstrierten in großer Zahl. Wenige Monate später hatte die DDR zu existieren aufgehört.

Deutschland

Land in Mitteleuropa, dessen existenzielle Bedeutung für den Zusammenhalt des europäischen Kontinents meist mit seiner Größe, seiner zentralen Lage oder seiner Wirtschaftskraft erklärt wird. Diese rein materiellen Erklärungsversuche sind nicht falsch, übersehen aber einen entscheidenden Faktor: Die wichtigsten Grenzen und Differenzen, die in den zurückliegenden beiden Jahrtausenden Kulturen und Mentalitäten in West- und Mitteleuropa geprägt haben, ziehen sich alle auch durch D. In D. wie in Europa gibt es a) Regionen, die dem Römischen Reich angehörten und solche, die ihm nicht angehörten; b) katholisch und protestantisch geprägte Regionen; c) ehemals absolutistisch regierte Regionen und Handelsstädte mit bürgerlich-demokratischer Tradition sowie; d) Regionen, die den Kalten Krieg westlich und solche, die ihn östlich des »eisernen Vorhangs« erlebt haben.

Man kann D. also mit einiger Berechtigung als eine Art Versuchsballon für die europäische Einigung bezeichnen. Die wichtigsten historisch bedingten Fliehkräfte zwischen Atlantik und russischem Sprach- und Kulturraum sind hier in einem Staat vorhanden, und wenn D. es schafft, sie zu bändigen, kann es auch in Europa gelingen. Wenn aber D. trotz gemeinsamer Sprache, rekordverdächtigem → Sozialgesetzbuch und regelmäßigem Gewinn der Fußball- → Weltmeisterschaft scheitert, dann ist auch die Idee von Europa tot.

Die Grenzen des Wachstums

(engl.: The Limits of Growth), 1972 veröffentlichte Studie von Dennis L. Meadows (* 1942), Donella Meadows (* 1941, † 2001) und weiteren Wissenschaftlern im Auftrag der Denkfabrik »Club of Rome«.

Mit Hilfe eines von ihnen erstellten Weltmodells und Computersimulationen (damals ein recht neues Verfahren) spielten die Autoren der Studie verschiedene Szenarien zur Zukunft der Weltwirtschaft durch. Ihr viel beachtetes Ergebnis war, dass aufgrund der endlichen Größe der Erde – und damit der verfügbaren Rohstoffe und landwirtschaftlich nutzbaren Flächen sowie der begrenzten Aufnahmefähigkeit für Schadstoffe – dem Wachstum natürliche Grenzen gesetzt seien; Weltbevölkerung, Industrie und Nahrungsmittelproduktion könnten aufgrund der Begrenztheit der Ressourcen unseres Planeten nicht dauerhaft weiterwachsen. Und: Wenn die Wachstumsgrenzen erreicht seien, komme es nicht zu einem Verharren in diesem Zustand, sondern zum Kollaps (unter anderem zum Tod vieler Millionen Menschen). Die Entdeckung neuer Rohstoffvorkommen oder technischer Fortschritt, der ihre effizientere Nutzung ermöglicht, können das Erreichen der Wachstumsgrenzen nicht verhindern, nur zeitlich hinauszögern. Notwendig sei es, ein Gleichgewicht herbeizuführen. Und weil die Folgen heutiger Entwicklung (z. B. Geburtenrate, Wirtschaftswachstum, Umweltverschmutzung) oft erst mit jahrelanger Verzögerung sichtbar werden, müsse damit sofort begonnen werden – kurz vor dem Zusammenbruch sei der »Point of no return« bereits überschritten. In diesem Sinne forderten die Autoren Maßnahmen zur Beschränkung von Geburten, Produktion, Schadstoffemissionen und Rohstoffverbrauch.

D. G. d. W. erschütterte den Fortschrittsglauben (→ Fortschritt) der westlichen Welt, was durch die fast gleichzeitige Ölkrise (1973) noch unterstrichen wurde. Vielerorts erfolgte ein Umdenken, das zu ressourcenschonenderen Produktionsverfahren führte. Da das Wirtschafts- und Bevölkerungswachstum jedoch an-

hielt, sind wir vom Ansteuern eines Gleichgewichts eher noch weiter entfernt als 1972. Dabei gibt es durchaus Entwicklungen, die ein Gegensteuern ermöglichen würden: neben der effizienteren Ressourcennutzung vor allem die (wenn auch nicht in allen Wirtschaftsbereichen erreichbare) Entkoppelung des Wirtschaftswachstums von einer Erhöhung des Energieverbrauchs. Würden die dadurch ermöglichten Produktions- und Wohlstandszuwächse für eine Reduzierung der weltweiten sozialen Ungleichheit eingesetzt statt zur Fütterung des Monsters → Zinseszins, bestünde durchaus eine Chance, den drohenden Kollaps abzuwenden.

Die Tribute von Panem

(engl.: The Hunger Games), zwischen 2008 und 2010 erschienene Romantrilogie der amerikanischen Autorin Suzanne Collins (* 1962).

Die Romane spielen in Nordamerika in einer nicht datierten Zukunft (frühestens um das Jahr 2100). Das Land namens Panem wird regiert aus der Hauptstadt (»Das Kapitol«), die unermesslich reich ist, während die Menschen der umliegenden Distrikte 1–12 zum Teil in großer Armut leben. Die Beherrschung und Ausbeutung der Distrikte durch das Kapitol wird auch dadurch gewährleistet, dass sie jeweils auf die Produktion bestimmter Produkte spezialisiert und somit nicht autark sind (→ Divide et impera).

Zur (abschreckenden) Erinnerung an einen niedergeschlagenen Aufstand der Distrikte gegen das Kapitol finden jedes Jahr »Hungerspiele« statt – aus jedem Distrikt muss jeweils ein Junge und ein Mädchen zwischen 12 und 18 Jahren als »Tribut« in einer künstlich angelegten Arena zu einem Kampf auf Leben und Tod antreten, bis nur noch einer der 24 Tribute lebt. Die Hungerspiele werden im gesamten Land als Medienereignis inszeniert, das die Menschen ablenken und zugleich einschüchtern (→ Angst) soll.

Bei den 74. Hungerspielen wird die 16-jährige Katniss Everdeen aus Distrikt 12 vielen Menschen zur Heldin und zur Hoffnungsträgerin für eine erneute Rebellion. Der Versuch des Präsidenten, sie durch eine Nominierung für die 75. Hungerspiele loszuwerden, kann den beginnenden Aufstand nicht mehr stoppen, zumal sich in der Arena ohne Katniss' Wissen eine Allianz von Gegnern des Kapitols bildet, die sie rettet und in den beim Aufstand vermeintlich zerstörten Distrikt 13 bringt. Von dort aus wird schließlich im dritten Band der erfolgreiche Angriff auf das Kapitol ausgeführt.

Divide et impera

(lat.: Teile und herrsche!), uraltes Prinzip der Machtpolitik, das darin besteht, die Menschen in verschiedene Gruppen (z. B. nach sozialer Schicht, ethnischer oder religiöser Zugehörigkeit) zu unterteilen, die bestenfalls noch in Konkurrenz zueinander gesetzt werden, um sie so besser beherrschen zu können.

Dreieck der Vermögens-anlage, magisches

Bezeichnung für das Verhältnis dreier zentraler Ziele der Vermögensanlage: Rentabilität, Sicherheit und Liquidität. In der Regel müssen für eine Steigerung bezüglich eines dieser Ziele Nachteile bezüglich eines (oder der beiden) anderen in Kauf genommen werden.

Am Beispiel dreier gängiger Anlageformen (→ Anlageklassen): Geld auf dem Bankkonto bleibt erhalten (sicher), kann jederzeit abgehoben werden (liquide), wirft aber keine bzw. kaum Zinsen ab (nicht rentabel). → Aktien können im Wert steigen und werfen Dividende ab (rentabel), können jederzeit an der Börse wieder verkauft werden (liquide), sind aber von Kursverlusten bedroht (nicht sicher). Eine Immobilie ist im Wert mindestens stabil (sicher) und wirft Miete ab (rentabel), ist aber nur mit großem Aufwand und nicht immer zum erwünschten Preis zu verkaufen (nicht liquide).

So ungefähr verhielt es sich in dem Universum, in dem wir aufgewachsen sind und uns ggf. über Geldanlage informiert haben. In demjenigen, in dem wir seit einigen Jahren leben, ist das alles nicht mehr so einfach: Die Immobilienpreise geben vielerorts angesichts der demographischen Entwicklung nach. Und das Geld auf dem Bankkonto ist nicht nur von → realen Verlusten bedroht (→ Finanzrepression), sondern auch von Zwangsabgaben wie während der Zypernkrise 2013.

Offenbar hat in den letzten Jahren irgendjemand die Regeln geändert. »Sicher« jedenfalls scheint es nicht mehr zu geben.

Dummheit, menschliche

der einzige Rohstoff, der in umso größerem Maße nachwächst, je mehr er ausgebeutet wird.

Durchschnittseinkommen

(auch Pro-Kopf-Einkommen), fiktive Größe, die entsteht, wenn man die Einkommen aller Mitglieder einer betrachteten Gruppe (z. B. Arbeitnehmer in Deutschland) addiert und die Summe durch ihre Anzahl teilt.

Das D. ist nicht zu verwechseln mit dem mittleren Einkommen. Dieses entspricht dem Einkommen desjenigen, der sich genau in der Mitte befindet, wenn man alle betrachteten Personen nach Höhe ihres Einkommens sortiert. Am Beispiel der fiktiven Monatseinkommen der Personen A (1000 €), B (2000 €), C (3000 €), D (4000 €) und E (5000 €): Das D. beträgt 3000 € (Summe aller Einkommen geteilt durch 5), das mittlere Einkommen ebenfalls (Einkommen von C, da jeweils zwei Personen weniger und zwei Personen mehr als C verdienen). Könnte E nun sein Einkommen von 5000 € auf 10 000 € (oder sogar 20 000 €) steigern, dann würde das D. auf 4000 € (bzw. 6000 €) ansteigen; das mittlere Einkommen bliebe unverändert bei 3000 €, dem Einkommen von C. Ein Anstieg des Durchschnittseinkommens deutet daher nicht unbedingt auf eine Vermehrung des Wohlstands in einer Gesellschaft hin, weil er durch die Erhöhung einiger weniger Topgehälter zustande gekommen sein könnte. Geht er gar mit einer Senkung des mittleren Einkommens einher, deutet das auf jene Entwicklung hin – die »Reichen« werden reicher, während die Mittelschicht in prekäre Verhältnisse abzurutschen droht –, für die weithin die → Metapher einer immer weiter sich öffnenden Schere strapaziert wird.

Um die Einkommensverteilung innerhalb einer Gesellschaft oder einer Berufsgruppe darzustellen, ist vermutlich das mittlere Einkommen geeigneter als das D., weil es das Einkommen eines »typischen« Mitglieds der betrachteten Gruppe erfasst und nicht durch einige Topverdiener nach oben verzerrt wird. Um eine Neidkampagne z. B. gegen eine Berufsgruppe statistisch zu untermauern, ist dagegen das D. die bessere Wahl.

dynamisch

Attribut für wissenschaftliche Analysen und mathematische → Modelle, die mehrere Zeitperioden berücksichtigen. Entscheidungen werden also auch danach beurteilt, wie sie die Entwicklung beeinflussen – und die Bedingungen, unter denen künftig ähnliche Entscheidungen getroffen werden müssen. Entscheidungsmodelle, die nur eine (die gegenwärtige) Periode betrachten und somit in der Regel nur kurzfristige Effekte berücksichtigen, nennt man statisch. Sie führen in der Praxis meist zu kurzsichtigen Das-Gegenteil-von-gut-ist-gut-gemeint-Entscheidungen.

Ein Beispiel für eine statische Betrachtung ist die (oft stillschweigende, da intuitiv naheliegende) Annahme, in einer Volkswirtschaft gebe es eine unveränderliche Menge an Arbeitszeit, die es nur optimal auf die Erwerbsfähigen zu verteilen gelte. Damit werden besonders in Zeiten hoher Arbeitslosigkeit Forderungen nach Arbeitszeitverkürzung (um »die Arbeit« auf mehr Menschen zu verteilen) begründet oder eine Begrenzung der Zuwanderung und Programme des frühzeitigen Renteneintritts (weil Zuwanderer oder ältere Arbeitnehmer als Konkurrenten um die »knappe« Arbeit wahrgenommen werden). Eine d. Betrachtung geht nicht davon aus, dass Arbeit in einer bestimmten Menge vorhanden ist wie Münzen in einem Safe, sondern untersucht, welche Auswirkungen z. B. Arbeitszeitverkürzungen, eine Änderung des Renteneintrittsalters oder die Zuwanderung auf die zukünftige Entwicklung von Angebot und Nachfrage auf dem Arbeitsmarkt haben.

Auch der Glaube, die Menge der Arbeit einfach durch einen politischen Entschluss vermehren zu können, entspringt statischem Denken. Werden beispielsweise ohne entsprechenden Bedarf hunderttausende Stellen im öffentlichen Dienst geschaffen, dann gibt es kurzfristig tatsächlich weniger Arbeitslose. Langfristig muss der Staat aber die Steuern erhöhen, was anderswo Arbeitsplätze kosten kann (→ N-Kurven-Effekt). Und die Effektivität der Arbeitsteilung in der Volkswirtschaft insgesamt leidet unter der Umleitung knapper Ressourcen in Bereiche, in denen sie nicht benötigt werden – weshalb sie irgendwo anders fehlen, wo sie dringender benötigt würden.

In der Umweltpolitik könnte man bei statischer Betrachtung auf die Idee kommen, den Verursachern eines Schadstoffs vorzuschreiben, die Emission um einen für alle gleichen Prozentsatz zu reduzieren. Bei d. Betrachtung müsste man einwenden, dass damit ausgerechnet diejenigen Unternehmen bestraft werden, die bereits in der Vergangenheit (z. B. durch den Einbau von Filtern) in den Umweltschutz investiert haben. Eine weitere Reduktion ist ihnen kaum noch möglich, während die Besitzer der größten »Dreckschleudern« lediglich jetzt die Filter nachrüsten müssen und damit auf der sicheren Seite stehen. Alle Unternehmen hätten nach einer solchen Maßnahme »gelernt«, dass sie sich mit Umweltschutzmaßnahmen, die über das gesetzlich vorgeschriebene Maß hinausgehen, nur selbst schaden. Sie werden in Zukunft so viele Schornsteine rauchen lassen wie eben möglich, um bei der nächsten Gesetzesverschärfung mehr Spielraum für Schadstoffreduzierung zu besitzen.

Effektivität

auch Wirksamkeit: die richtigen Dinge tun. Mit Volldampf in die falsche Richtung zu fahren mag (zumindest in Bezug auf den Zeiteinsatz) effizient sein, ist aber nicht effektiv, da es vom Ziel wegführt. Die Frage, ob eine Maßnahme überhaupt zielführend ist, sollte daher Fragen der → Effizienz stets vorangehen: erst »Was«, dann »Wie«.

Effizienz

auch Wirtschaftlichkeit oder Kosten-Nutzen-Relation: die Dinge richtig tun. Mit Kanonen auf Spatzen zu schießen mag eine effektive Methode sein, die Spatzen zu vertreiben, aber keine effiziente.

Ehegattensplitting

Regelung zur Berechnung der Einkommensteuer von zusammen veranlagten Ehe- und Lebenspartnern in Deutschland und einigen anderen Ländern.

Beim E. wird zur Berechnung der Einkommensteuer zunächst das Jahreseinkommen beider Ehegatten addiert und dann halbiert. Auf Basis des so errechneten Einkommens wird die Einkommensteuer errechnet und anschließend verdoppelt. Rechnerisch versteuern somit nicht beide Partner ihr jeweiliges Einkommen, sondern jeder errichtet die Steuer auf den Durchschnitt beider Einkommen. Das E. bewirkt, dass zwei Ehepaare mit dem gleichen Einkommen unabhängig von der Einkommensverteilung auch gleich hoch besteuert werden. Aufgrund der Steuerprogression (der prozentuale Steuersatz steigt mit dem zu versteuernden Einkommen) würde ohne E. ein Alleinverdiener mit einem nicht erwerbstätigen Partner bei (z. B.) 40 000 € Jahreseinkommen deutlich mehr Steuern bezahlen als zwei Partner mit je 20 000 €.

Politisch ist das E. hoch umstritten, wobei die Uneinigkeit schon bei seiner Einordnung beginnt: Gegner sehen darin eine Steuer-»Vergünstigung«, Befürworter schlicht die Anwendung des Prinzips der »Besteuerung nach Leistungsfähigkeit« auf Ehe- und Lebensgemeinschaften, da diese einen gemeinsamen Haushalt führen und somit steuerlich nicht wie zwei Singles behandelt werden sollten. Vereinzelt wird die Erweiterung des E. zu einem Familiensplitting gefordert, bei dem auch die Anzahl der Kinder mit in die Berechnung eingeht. So erhöht sich in Frankreich der Divisor, durch den das zu versteuernde Einkommen geteilt wird, für jedes Kind um 0,5 (für das dritte Kind sogar um 1).

Eigenheim, Traum vom

Werbeslogan, mit dem Unternehmen der Finanz- sowie der Baubranche immer wieder Menschen, oft junge Ehepaare und Familien, dazu bringen, sich über Jahrzehnte hinweg zu verschulden und während dieser Zeit mit einem beträchtlichen Teil ihres Einkommens die Profite eben jener Unternehmen zu sichern.

Damit der T. v. E. nicht zum Albtraum wird, der persönliche Freiheiten und vielleicht sogar die finanzielle Existenz oder die Ehe zerstört, sollten Eigenheimerwerber in spe sich vorab einige Fragen stellen und ehrlich beantworten, z. B.: Ist es wirklich Ihr großer Wunsch, im eigenen Haus zu wohnen, oder haben Sie sich das von der Werbung einreden lassen bzw. meinen Sie, damit Erwartungen Ihres sozialen Umfelds erfüllen zu müssen? Sind Sie bereit, für den T. v. E. über Jahre und Jahrzehnte hinweg auf andere schöne Dinge – exotische Reisen, Restaurant- oder Konzertbesuche, teure Hobbys, ein am Monatsende noch ausgeglichenes Konto – ganz oder zumindest häufiger als jetzt zu verzichten? Wollen Sie sich dauerhaft an diesen Ort und dieses Haus binden? Klappt die Finanzierung auch, wenn einmal Teile Ihres Einkommens wegbrechen? Wirken Finanzierer und Bauunternehmer bzw. Verkäufer wirklich seriös? Kennen Sie Experten, die das bestätigen?

Wenn Sie diese Fragen bejahen, noch ein paar Gedanken: Ein Haus wird heute oft nicht mehr von der nächsten Generation bewohnt und ist (etwa im Falle eines zweieinhalbstöckigen Reihenmittelhauses) auch nicht unbedingt die beste Vorsorge für das eigene Alter. Die Behauptung, man zahle besser sein eigenes Haus ab als Miete zu bezahlen, ist aufgrund der ebenfalls zu bedienenden → Zinsen zumindest umstritten. Als Weg der Vermögensbildung ist ein Eigenheim nur bedingt zu empfehlen, weil die Rendite oder gar der Werterhalt je nach Lage fragwürdig ist und viel Kapital gebunden wird, das im Sinne einer Streuung des → Risikos besser auf verschiedene → Anlageklassen verteilt würde. Eine selbst bewohnte Immobilie als Kapitalanlage zu betrachten, ist zudem problematisch, weil ihr Verkauf (im Gegensatz zu dem eines Aktienpakets) einen großen persönlichen Einschnitt darstellt. Kurz gesagt: Betrachten Sie am besten das Eigenheim als einen Konsumartikel. Wollen (und können) Sie sich diesen Konsumartikel gönnen und sind bereit, dafür auf anderes zu verzichten? Dann viel Glück!

Einkommen, mittleres

entspricht nicht dem → Durchschnittseinkommen, wird aber dort erklärt.

Einkommensteuer, negative

Bislang nicht umgesetztes Konzept, bei dem Einkommensteuer und staatliche Transferleistungen (Sozialleistungen) quasi ineinander übergehen. Der Steuersatz wird in den Bereich unterhalb des Grundfreibetrages (wo er bei 0 % liegt) »verlängert« und wird dort negativ. Je weiter ein Einkommen einer Person unter dem Grundfreibetrag liegt, desto mehr erhält sie somit an Negativsteuer; Personen ohne eigenes Einkommen erhalten das Mindesteinkommen.

Anders formuliert: Ausnahmslos jeder erhält das staatliche Mindesteinkommen ausbezahlt, führt aber dafür vom ersten verdienten Euro Steuern ab, sodass alle, die mehr als den Grundfreibetrag verdient haben, automatisch zu »Nettozahlern« werden, während diejenigen, die unter dem Grundfreibetrag liegen, »Nettoempfänger« sind.

Ein Rechenbeispiel mit einem (angenommenen) Mindesteinkommen von 500 € und einem Steuersatz von 50%: Wer kein eigenes Einkommen hat, erhält 500 €. Wer 500 € verdient, bekommt 250 € dazu (500 € abzüglich 50 % Steuern auf die selbst verdienten 500 €). 1000 € sind der Grundfreibetrag, weil sich hier 50 % Steuer und 500 € Mindesteinkommen exakt ausgleichen. Wer 2000 € verdient, behält 1500 € und hat somit de facto einen Steuersatz von 25 %. Wer 5000 € verdient, behält 3000 € und zahlt also 40 % Einkommensteuer. Bei höheren Einkommen nähert sich der Steuersatz immer mehr der 50 %-Marke an, weil die 500 € Mindesteinkommen gegenüber der gezahlten Steuer immer weniger ins Gewicht fallen. Die Werte für den Steuersatz und das Mindesteinkommen können natürlich anders gewählt werden.

Auch wenn der Steuersatz scheinbar starr ist (im Beispiel 50 %), führt die n. E. also zu einer progressiven Besteuerung des Einkommens – wer mehr verdient, zahlt prozentual mehr Steuern (behält aber trotzdem auch mehr). Auch unterhalb des Grundfreibetrages – also für Transferempfänger – gibt es keinen demotivierenden »Wenn ich zu viel verdiene, kürzen sie mir alles wieder weg«-Effekt: Von jedem zusätzlich verdienten Euro bleiben 50 Cent in der eigenen Tasche – beim Arbeitslosen wie beim Topverdiener. Die n. E. ist einfach und könnte die Bürokratie enorm entlasten. Erstaunlicherweise löst sich bei einer n. E. auch die ideologische Debatte um das → Ehegattensplitting in Luft auf:

Jeder Ehepartner kann einzeln veranlagt werden, und trotzdem werden zwei Ehepaare mit dem gleichen Einkommen – unabhängig von dessen Verteilung auf die jeweiligen Partner – auch netto das Gleiche herausbekommen.

Emotionalisierung

der sicherste Weg, um in wichtigen Fragen eine sachliche und lösungsorientierte Diskussion dauerhaft zu verhindern. Ziel der E. ist es, durch Hervorrufen von → Angst, mithilfe plakativer und bildhafter Schlagworte und oft auch durch Ablenkung von der Sach- auf die persönliche Ebene (→ argumentum ad hominem) jede von der eigenen abweichende Meinung als falsch, indiskutabel, von niederen Instinkten geleitet oder gar bedrohlich darzustellen. Auch die Darstellung einzelner Menschen oder Menschengruppen als Bedrohung ist ein häufig der E. dienendes Mittel. Die E. kann auch bei der Aufarbeitung von politischen Skandalen oder Verbrechen eingesetzt werden, um die Frage nach den wahren Verantwortlichen und Nutznießern (→ Cui bono?) in den Hintergrund zu drängen.

Eine vollkommene E. ist erreicht, wenn die Möglichkeiten des politischen Handelns in der öffentlichen Diskussion auf zwei einander entgegengesetzte Extrempositionen reduziert wurden und die Anhänger beider Positionen jedem, der nicht uneingeschränkt »auf ihrer Seite« ist, automatisch unterstellen, aus niederen Motiven heraus das gegenteilige Extrem zu wollen (→ Divide et impera). Eine Antwort und überhaupt die Auseinandersetzung mit solchen Subjekten ist dann nicht mehr erforderlich, sondern sogar gefährlich. An die Stelle eines rationalen Urteils tritt ein ästhetisches (»Spiel nicht mit den Schmuddelkindern!«).

Auch die positive Emotionalisierung, die die eigene Position unangreifbar machen soll, geschieht häufig durch Personalisierung: entweder durch Inszenierung einer charismatischen Führungsfigur oder durch Präsentation besonders anrührender menschlicher Schicksale.

Erhard, Ludwig

deutscher Politiker (CDU),
* 4. 2. 1897, † 5. 5. 1977.

Seit 1948 für die Wirtschaftspolitik der drei westlichen Besatzungszonen Deutschlands verantwortlich, leitete E. durch Aufhebung staatlicher Eingriffe in den Markt (Preisbindungen) den Übergang zur Marktwirtschaft ein. Nach Gründung der Bundesrepublik Deutschland 1949 war er erster Wirtschaftsminister, ab 1963 als Nachfolger Konrad Adenauers (* 1876, † 1967) zweiter Bundeskanzler der jungen Republik. Er gilt als »Vater der sozialen Marktwirtschaft« und des bald einsetzenden Wirtschaftswachstums (»Wirtschaftswunder«).

Seine Zielsetzungen formulierte E. 1957 in seinem Buch »Wohlstand für alle«. Vereinfacht formuliert, soll der »Kuchen« (die Wirtschaft) wachsen, damit immer mehr Menschen ein möglichst großes Stück davon abbekommen können. Dem Bestreben, breite Bevölkerungskreise am Wachstum der Wirtschaft zu beteiligen, diente unter anderem die → Volksaktie.

Durch stetiges Wachstum sollten also besonders die weniger Vermögenden etwas hinzubekommen können, ohne dass dafür anderen etwas weggenommen werden musste (vgl. Vilfredo → Pareto), was Verteilungskämpfe und damit gesellschaftliche Konflikte auslösen könnte. Als das Wirtschaftswachstum in den 1960er-Jahren langsam abflachte und mit der Ölkrise 1973 ganz zum Erliegen kam, begann die Politik der Bundesrepublik damit, durch stetige Verschuldung Wachstum zu simulieren (→ Schneeballsystem). Bereits 1972 hatte die im Auftrag des Club of Rome erstellte Studie »→ Die Grenzen des Wachstums« darauf hingewiesen, dass aufgrund der Endlichkeit unseres Planeten und seiner Ressourcen nicht dauerhaft möglich sei, soziale Probleme durch immer mehr Wachstum zu lösen.

(Ein ökonomisch belangloses, aber historisch interessantes Detail: Laut historischen Nachforschungen in den 2000er-Jahren wurde E. 1963 vermutlich als Parteiloser Bundeskanzler und trat erst 1966 bei Übernahme des Parteivorsitzes – rückwirkend zum Jahr 1963 – in die CDU ein. Oder vielleicht sogar niemals.)

Eucken, Walter

deutscher Ökonom,
* 17. 1. 1891, † 20. 3. 1950.

E. begründete in den frühen 1930er-Jahren die Freiburger Schule und war maßgeblich an der Formulierung des Ordoliberalismus beteiligt. Dieser suchte einen (»dritten«) Weg zwischen dem schrankenlosen Kapitalismus des 19. Jahrhunderts und sozialistischer Planwirtschaft. Der Staat soll danach die Voraussetzungen für eine freie Marktwirtschaft und funktionierenden Wettbewerb schaffen und erhalten, z. B. den rechtlichen Rahmen setzen, aber auch Monopolbildung und Kartelle verhindern. Über diese Ordnungspolitik hinaus (»ordnungspolitischer Rahmen«) soll er aber nicht lenkend in Wirtschaftsprozesse eingreifen.

Aufbauend auf dem Ordoliberalismus wurde das Konzept der sozialen Marktwirtschaft (Alfred → Müller-Armack, Ludwig → Erhard) entwickelt.

Euphemismus

rhetorische Figur; beschönigende Bezeichnung, die benutzt wird, um einen negativen Sachverhalt nicht offen benennen zu müssen, sondern in einem milden oder gar positiven Licht darzustellen.

So werden Kündigungen als »(Personal-)Freisetzung« verharmlost. Werden die Gekündigten durch Maschinen ersetzt, spricht man von »Rationalisierung«, wird ihre ganze Abteilung geschlossen, von »Outsourcing«. Eine »Gewinnwarnung« warnt nicht vor Gewinnen, sondern vor deren Verringerung bzw. vor Verlusten. Der stetiges Wachstum erwartenden Öffentlichkeit wird Stagnation als »Nullwachstum« verkauft, Schrumpfung bzw. Verlust als »Minuswachstum«. (Dieses Wort spielt als Oxymoron – einer aus gegensätzlichen Begriffen gebildeten Formulierung, so wie »Flüssiggas« oder »Hassliebe« – sozusagen in der Champions League der Euphemismen.) Preise steigen nicht und Beiträge werden nicht angehoben, sondern es kommt zu Preiskorrekturen und Beitragsanpassungen. Mit dem Kauf heruntergesetzter Waren, die wir eigentlich nicht brauchen, »sparen« wir laut Werbung. Und in den Worten dessen, der eine Situation zu verantworten hat, ist diese niemals schlecht, sondern schlimmstenfalls suboptimal.

Vermutlich gibt es so viele Euphemismen (und → Metaphern) alleine im Bereich Wirtschaft, dass sie ein ganzes Buch füllen würden. Schon wer von »der Wirtschaft« (oder »den Banken«, »der Politik«) redet, verschleiert dadurch, dass dort nicht Systeme oder Organisationen handeln, sondern Menschen. Auch die Verwendung des Passivs kann verharmlosend wirken, weil dadurch der Fokus von den handelnden Personen abgelenkt wird. Die Definition in diesem Artikel sollte also vielleicht besser so beginnen: »beschönigende Bezeichnung, die Menschen benutzen, um einen negativen Sachverhalt nicht offen benennen zu müssen …«.

Die entgegengesetzte rhetorische Figur zum E. ist der Dysphemismus. Hier wird anstelle eines neutralen Begriffs ein abwertender verwendet – wie etwa »Herdprämie« für Betreuungsgeld.

Eurokrise

seit 2010 andauernde Wirtschafts-, Finanz- und Bankenkrise innerhalb der Eurozone.

Die Ursachen der E. sind vielfältig. Die horrende Staatsverschuldung der Euro-Länder gehört ebenso dazu wie die US-amerikanische Immobilien- und Finanzkrise ab 2007/08. Ein wesentlicher Teil der Probleme ist aber auch durch den Euro selbst erzeugt. Denn als gemeinsame Währung von Volkswirtschaften mit sehr unterschiedlicher Wirtschaftskraft verunmöglicht er es diesen, durch Kursauf- oder -abwertungen Fehlentwicklungen entgegenzusteuern. Weniger konkurrenzfähige Länder müssten ihre Währung abwerten, was Importe zwar verteuerte, aber ansonsten ein relativ sozialverträglicher Weg wäre, Exporte und Tourismus zu stärken. Umgekehrt müssten Exportüberschüsse wie in Deutschland zur Aufwertung der Währung führen, um wieder ein außenwirtschaftliches Gleichgewicht zu erreichen (siehe magisches → Viereck).

Mit aller gebotenen Vorsicht vor → Metaphern und → Modellen lässt sich dies durch folgendes Bild illustrieren: Auf dem Betriebsgelände eines Unternehmens befinden sich ein Becken, aus dem Öl ausläuft und ein Dampfkessel, der heißzulaufen droht. Naheliegend wäre der Gedanke, sofort den Ablauf des Beckens zu schließen und das Druckventil des Kessels zu öffnen. Jedoch können beide nur gemeinsam durch einen Drehschalter geöffnet oder geschlossen werden, den Einen, unwandelbaren Regulierungs-Ordner (EuR-O). Um das Auslaufen des Öls zu verhindern, müsste man den Kessel explodieren lassen, und um den Kessel zu retten, das Werksgelände im Öl versinken lassen.

Theoretisch ließe sich der EuR-O wieder abbauen, aber leider war er eine Idee aus der Chefetage, und jeder, der auch nur vorsichtige Kritik daran übt, gilt als Verräter und Saboteur. Es bleibt also nur, einen EuR-O-Stand zu wählen, bei dem möglichst wenig Öl ausläuft und der Kessel noch nicht explodiert. Und die im Kessel erzeugte Energie zum Betreiben einer Pumpe zu nutzen, die immer und immer neues Öl in das Becken pumpt, damit dieses nicht leer wird.

Experte

naiv: jemand, der von einem Fachgebiet deutlich mehr versteht als fast alle anderen Menschen; daher darf er häufig öffentlich seine Einschätzung zu Themen kundtun, die dieses Fachgebiet berühren, um die Menschheit von seinem Wissen profitieren zu lassen.

skeptisch: jemand, dessen Stellungnahmen der »herrschenden Meinung« entsprechen, weil sie den Reichen und Mächtigen helfen, ihren Reichtum bzw. ihre Macht zu bewahren und zu mehren. Je weniger er sich dabei von metaphysischen Konstrukten wie »Wahrheit« oder »Gerechtigkeit« ablenken lässt, desto größer wird tendenziell sein Renommee als E. sein – und sein Einkommen.

Meinungsverschiedenheiten zwischen E. gehören, solange sie an der Oberfläche bleiben, zur Inszenierung. Gefährdet jedoch ein E. durch notorisches Bestehen auf (unangenehmen) Tatsachen den Status quo, so stoßen ihn die übrigen E. umgehend aus ihrem Kreis aus, durch Totschweigen, Spott, persönliche Angriffe (→ argumentum ad hominem) oder – oft gemeinsamen – öffentlichen Widerspruch. Wenn eine Vielzahl von E. (und kurzfristig zu E. erklärten Personen) einhellig, vehement und ohne sich mit Argumenten aufzuhalten einer Position widerspricht, so ist das ein nahezu untrügliches Zeichen dafür, dass zuvor jemand die Wahrheit gesagt hat.

Fair Value

dt. »fairer Wert«, Konzept der Bilanzierung von Vermögenswerten zum zeitnahen Marktwert. F. V. stammt aus dem angelsächsischen Rechnungswesen, wird aber seit einigen Jahren teilweise auch schon in Deutschland und anderen EU-Staaten angewendet.

Trotz seines Namens ist F. V. nicht fairer als andere Bilanzierungskonzepte, wohl aber kurzfristiger orientiert. Es ist jedoch fragwürdig, Vermögenswerte, die für die unternehmerische Tätigkeit dauerhaft gebraucht werden (z. B. Anlagen, Immobilien), aufgrund ihres (oft fiktiven) Marktwertes fortwährend neu zu bewerten – so als wollte oder müsste das Unternehmen sie zeitnah verkaufen. In Zeiten steigender Marktpreise kann F. V. eine kollektive Illusion und Blasenbildung (→ Blase) befördern: Viele Unternehmen wähnen sich dann reicher als sie sind und leben über ihre Verhältnisse. Geben die Preise dann nach, droht Überschuldung, weil die Unternehmen den bilanzierten Wert nicht als Verkaufspreis am Markt durchsetzen und daher noch nicht einmal durch Verscherbeln des Tafelsilbers ihre Bilanz ausgleichen können. (Verstärkt wird der Preisverfall schlimmstenfalls noch dadurch, dass viele Unternehmen zu genau solchen Panikverkäufen gezwungen sind.)

Geradezu paradox wird es, wenn Unternehmen auch ihre Verbindlichkeiten nach dem F. V.-Konzept bilanzieren. Hier führt es in letzter Konsequenz dazu, dass eine Herabstufung der Bonität die bilanzierten Schulden senkt, weil die Verbindlichkeiten eines weniger solventen Unternehmens am Markt mit einem Risikoabschlag gehandelt werden. Je näher das Unternehmen vor der Insolvenz steht, desto besser wird demnach seine Bilanz. (Ein solcher Risikoabschlag ist aus Schuldnerperspektive Unsinn, denn so lange das Unternehmen nicht insolvent ist, wird von ihm auch eine 1:1-Rückzahlung der Schulden verlangt.)

Etwas böswillig formuliert könnte man sagen, F. V. bilde den Wert eines Unternehmens am zutreffendsten dann ab, wenn es morgen abgewickelt und ausgeschlachtet werden soll. Und diese Perspektive auf die Abwicklung kann durchaus zur selbsterfüllenden Prophezeiung werden, weil sie Unternehmen zu Entscheidungen verführt, die am kurzfristigen Verkaufs- statt am langfristigen Gebrauchswert ausgerichtet sind.

Fiktion

das Ausdenken und Gestalten einer eigenen, mit der Realität nicht übereinstimmenden Welt durch künstlerische Darstellung, z. B. im Roman, im Film oder auf der Theaterbühne.

Paradoxerweise gelingt es der F., die im Gegensatz zu nichtfiktionalen Gattungen (Bericht, Reportage, Dokumentation, wissenschaftliche Studie u. a.) nicht vorgibt, die Realität abzubilden, oft gerade deswegen am besten, die Wahrheit zu sagen. Weil die F. nicht detailgetreu die Realität abbilden muss, kann sie der realen Welt den Spiegel vorhalten, indem sie ihr z. B. eine erdachte »bessere« Welt entgegenhält (Utopie – nach Thomas Morus' Roman »Utopia«, 1516) oder mittels Darstellung einer fiktiven Zukunft (Dystopie) vor den negativen Folgen aktueller Entwicklungen warnt. Diesem Zweck kann auch die fiktionalisierte Darstellung historischer Ereignisse dienen, etwa im Drama »Hexenjagd« des amerikanischen Schriftstellers Arthur Miller (* 1915, † 2005), das im späten 17. Jahrhundert spielt, aber zum Zeitpunkt seiner Uraufführung (1953) vor allem ein Kommentar auf den McCarthyismus war.

Drei klassische dystopische Romane sind »Schöne neue Welt« (»Brave New World«, 1932) von Aldous Huxley (* 1894, † 1963), »1984« (»Nineteen Eighty-Four«, 1949) von George Orwell (* 1903, † 1950) und »Fahrenheit 451« (1953) von Ray Bradbury (* 1920, † 2012). Sehenswerte dystopische Filme der letzten Jahre sind u. a. »→ In Time«, »→ V for Vendetta« und die Verfilmung von »→ Die Tribute von Panem«.

Finanzrepression

auch finanzielle Repression; Maßnahmen, mit denen Staaten auf Kosten der Sparer ihre Schuldenlast reduzieren. Ein wichtiges Mittel ist das Drücken der Zinssätze unter die Inflationsrate, so dass durch negative Realzinsen der Wert von Sparguthaben → real sinkt. Sparer werden also de facto mit einer Gebühr belastet, die allerdings – anders als Steuern und sonstige Abgaben – nirgendwo ausgewiesen wird. Das erschwert den politischen Kampf gegen die F., da sie von vielen überhaupt nicht bemerkt wird (→ Geldillusion).

Zusätzlich können z. B. Banken gezwungen werden, einen Teil ihrer Gelder in Staatsanleihen anzulegen, was einer Zusatzsteuer in Höhe der Differenz zwischen Inflationsrate und Nominalzins gleichkommt, aber nicht »Steuer« genannt wird.

Sogar → nominale Negativzinsen sind möglich und im Zuge der Eurokrise etwa bei den als sicher geltenden deutschen Staatsanleihen vorgekommen: 2012 wurden zweijährige Anleihen mit einem Zinssatz von -0,06 % verkauft.

Formeln

Hilfsmittel, mit dem gewonnene Erkenntnis verkürzt, übersichtlich und im Idealfall international verständlich und von den Mehrdeutigkeiten und Fehlerquellen natürlicher Sprache bereinigt ausgedrückt werden kann; in der real existierenden Wissenschaft und ihrer Vermittlung an Schulen und Universitäten leider oft anstelle von Erkenntnis gelehrt – und Voraussetzung für das Bestehen von Prüfungen.

Die Fähigkeit, mit F. in → Modellen herumzurechnen, ist zur Geheimsprache eines eingeweihten Kreises geworden, deren theoretische Auseinandersetzungen Außenstehende nicht mehr nachvollziehen können, obwohl sie vom Gegenstand der Debatte (z. B. ökonomischen Fragen) durchaus betroffen sind und auch etwas dazu beizutragen hätten. Die auf diese Weise von der Diskussion ausgeschlossene Bevölkerung reagiert darauf, indem sie Wissenschaft für Hokuspokus und Wissenschaftler bestenfalls für der Welt entrückte Nerds (»Elfenbeinturm«), schlimmstenfalls für gierige Diener der Macht oder skrupellose Wahnsinnige hält.

Fortschritt

die Religion der → Moderne.

Fracking

auch Hydraulic Fracturing (deutsch: hydraulisches Aufbrechen), Methode, mit der Gesteine in großen Tiefen aufgebrochen werden, um dort befindliche Gase oder Flüssigkeiten fördern zu können. Wasser, mit Sand und einem Gemisch aus chemischen Substanzen angereichert, wird unter hohem Druck in das Gestein gepresst, um dort Risse zu erzeugen.

Die Förderung von unkonventionellem Erdgas (»Schiefergas«) durch F. ist politisch hoch umstritten, da die ökologischen Folgen für Natur, Klima und Trinkwasser – zumindest nach Ansicht der Kritiker – weder absehbar noch beherrschbar sind. Im Internet kursierende Videos aus den USA, die brennende Wasserhähne zeigen, wirken ebenso wenig vertrauensbildend wie das Argument, der dem Wasser beigemischte Chemiecocktail sei inzwischen gegenüber der Anfangszeit des F. deutlich entschärft. Probleme wie unkontrolliert austretendes Gas bzw. giftige und radioaktive Stoffe im rückfließenden Wasser bestehen unabhängig von den eingesetzten Chemikalien.

Wenn im sehr eng besiedelten Mitteleuropa F. forciert wird, stellt sich die Frage nach dem dahinterstehenden ökonomischen Ziel: Geht es wirklich darum, die Versorgung mit fossilen Brennstoffen für ein paar Jahre mehr zu sichern? Oder soll in erster Linie der in vielen Prognosen wichtigste Rohstoff des 21. Jahrhunderts, das → Wasser, in einer Region verknappt werden (→ Knappheit), in der es bislang in ausreichender Menge zur Verfügung steht?

Freiheit

ein großes Wort, das in diesem Rahmen nicht ansatzweise erklärt werden kann, daher nur ein paar fragmentarische Gedanken:

1.) F. ist nicht von → Macht zu trennen. In dem Maße, in dem andere Macht über mich ausüben, schränken sie meine F. ein; in dem Maße, in dem ich die Macht besitze, andere zu mir genehmen Handlungen zu bewegen, vergrößert sich meine F. Sobald Menschen interagieren, spätestens aber wenn die Gesellschaft einen Komplexitätsgrad erreicht hat, dass der Einzelne ohne sie nicht mehr (über-)leben kann, sind Macht und F. das Gleiche – in unterschiedlicher Intensität.

2.) Diesen Umstand nutzen Feinde der F. für ihre Propaganda. Entweder indem sie vorgeben, für die F. zu kämpfen, aber nur die Macht einiger auf Kosten der F. vieler ins Extreme steigern wollen. Oder indem sie vorgeben, gegen die Macht oder ihren Missbrauch zu kämpfen, was zu weitreichenden Eingriffen in die F. jedes Einzelnen führt – und zur Etablierung einer extrem mächtigen Funktionärselite. Wie schon der alte Flüsterwitz über den Unterschied zwischen Kapitalismus (»Haste was, dann biste was.«) und Kommunismus (»Biste was, dann haste was.«) durchschaut hat, sind sich die beiden Extreme ähnlicher, als sie vorgeben.

3.) Jede F. (und damit auch jede Macht) kann nämlich missbraucht werden – sonst wäre sie keine! Für eine Gesellschaft, die die individuelle F. ihrer Mitglieder garantieren will, entsteht daher ein Paradoxon: Um die F. zu schützen, muss sie den Machtmissbrauch bekämpfen, was aber nur durch Eingriffe in die F. geht. Deshalb kann sie dauerhaft nur erfolgreich sein, wenn sie einerseits Auswüchse des Missbrauchs von F. erfolgreich bekämpft, andererseits aber nicht der Versuchung (bzw. dem ideologischen Größenwahn) erliegt, jeden noch so kleinen Missbrauch auszuschließen. Die Erhaltung der F. ist also eine ständige Gratwanderung, die immer wieder Engagement, politische Entscheidungen und manchmal neue Akzentsetzungen erfordert. Es gibt keinen »Zustand« der F., bestenfalls ein einigermaßen stabiles Gleichgewicht.

4.) In einer modernen, arbeitsteiligen Gesellschaft kommt niemand ohne Leistungen anderer aus, muss aber dafür selbst durch seine Leistung etwas zur Gesellschaft beitragen. F. und Gleichheit, die von der unter 2.) genannten Propaganda oft zu

Gegensätzen erklärt werden, bedingen einander. Ohne F. kann es keine Gleichheit, ohne Gleichheit keine F. geben; Versuche, eine der beiden vollkommen zu verwirklichen, werden schließlich beide zerstören. Um frei sein zu können, müssen wir also Unvollkommenheit aushalten lernen und insbesondere die → Gier, die sich auf F. beruft und den → Neid, der sich als Forderung nach Gleichheit und Gerechtigkeit tarnt, als das entlarven, als was sie schon das mittelalterliche Christentum erkannt hatte: Todsünden.

5.) Ökonomisch betrachtet, drückt sich F. in Geld (bzw. Besitz, Eigentum, Reichtum) – genauer: in der Verfügungsmöglichkeit darüber – aus. Auch hier gilt das bislang Gesagte: Wer zu wenig Geld zur Verfügung hat, ist unfrei, wer sehr viel hat, besitzt Macht. Der Übergang ist aber fließend, es gibt also nicht den einen Geldbetrag x, bei dem der Betroffene die volle F. besitzt, aber noch keine Macht über andere ausüben kann. Um ein wünschenswertes Maß an F. und Gleichheit herstellen oder erhalten zu können, darf sich eine Gesellschaft weder zu radikalen Eingriffen in Eigentumsrechte oder in die Eigentumsverteilung im Namen der Gleichheit, noch zu radikalem → Laissez-faire im Namen der Freiheit hinreißen lassen.

Nachtrag: Um über Geld verfügen zu können, muss dieses Geld nicht Eigentum des Verfügenden sein – also etwa auf einem Konto liegen, das auf seinen Namen geführt wird. Macht üben daher auch Mitglieder der Exekutive aus, die über die Verwendung öffentlicher Mittel entscheiden – oder → Banken und → Hedgefonds, die die Mittel von Millionen Menschen einsammeln.

Frühkapitalismus

Anfänge des Kapitalismus, die bis ins Mittelalter zurückreichen. Beginnend in Norditalien, wuchs in zahlreichen Städten in ganz Europa ein reiches und selbstbewusstes Bürgertum heran. Handel und Fernhandel blühten auf; die Geldwirtschaft, die nach dem Untergang des Römischen Reiches vielerorts zusammengebrochen war, kam zu neuer Blüte.

Während in ländlichen Bereichen die Menschen noch in Abhängigkeit von den Grundbesitzern lebten, verlor in den Städten der Boden seinen Status als entscheidender → Produktionsfaktor. Handwerk und Handel überflügelten die landwirtschaftliche Produktion an Bedeutung. Die Stadtbürger, auf diese Weise von den adeligen Landesherren wirtschaftlich unabhängig geworden, begannen auch politisch für ihre Freiheit zu kämpfen. In Norditalien entstanden erste → Banken und → Versicherungen, wodurch die Möglichkeit geschaffen war, mit Geld noch mehr Geld zu verdienen. Das kirchliche

Zinsverbot (→ Zins) wurde umgangen und aufgeweicht, bis es schließlich ganz wegfiel.

Ein Netz von Fernhandelsrouten durchzog Europa. In vielen Städten wurden Messen abgehalten. Ursprünglich waren das eintägige Märkte am Tag des Schutzheiligen einer Kirche (daher der Name) – »Jahrmärkte«, von denen einige aufgrund der Größe der Stadt oder ihrer Lage an einer wichtigen Handelsroute überregionale Bedeutung erlangten. Sehr bedeutend waren im 12. und besonders im 13. Jahrhundert die sechs mehrwöchige Messen in vier Städten der Champagne (Nordfrankreich), die terminlich aufeinander abgestimmt waren und zusammen einen Großteil des Jahres einnahmen. Das Wechsel- und Kreditgeschäft diente nicht mehr länger nur dem Warenhandel, es entwickelte ein von der Realwirtschaft losgelöstes Eigenleben. Bereits Mitte des 13. Jahrhunderts übertraf auf den Champagne-Messen der Umfang der Geldgeschäfte den des Warenhandels: Das Geld hatte begonnen, zur eigentlichen Ware zu werden.

Die Hanse, eine Vereinigung von Kaufleuten und später ihrer (in der Blütezeit bis zu 300) Städte zur Durchsetzung wirtschaftlicher Interessen, wurde im 14. Jahrhundert zur vorherrschenden Macht im Ostseeraum, die zwischen 1361 und 1370 – schließlich erfolgreich – sogar zwei Kriege gegen Dänemark führte.

Die Mitbestimmung, die Bürger, Kaufleute und Handwerker in vielen Städten erkämpft hatte, wurde im Laufe der Zeit vielerorts von sehr reich gewordenen Familien wie den Medici in Florenz wieder einkassiert.

Fundamentalanalyse

Methode der Wertpapieranalyse, die davon ausgeht, dass Wertpapiere einen angemessenen Preis (»inneren Wert«) besitzen, und die diesen Preis durch Heranziehen und Berechnen einer Reihe von Kennzahlen zu ermitteln versucht. Dazu gehören unter anderem das Kurs-Gewinn-Verhältnis, Gesamt- und Eigenkapitalrendite, Eigenkapitalquote, Barreserven des Unternehmens oder auch die gezahlten → Dividenden.

Liegt der auf diese Weise ermittelte »fundamentale« Wert eines Unternehmens deutlich über dem aktuellen Börsenwert (auch »Marktkapitalisierung« genannt: Aktienkurs multipliziert mit der Anzahl der Aktien), bedeutet das eine Kaufempfehlung. Im Gegensatz zur → Chartanalyse, die nur den Kurs betrachtet und die Existenz eines davon abweichenden inneren Wertes verneint, spekuliert die F. nicht auf Gewinne aus (unkalkulierbaren) kurzfristigen Schwankungen, sondern ist auf mittel- bis langfristige Investments ausgerichtet.

Gefangenendilemma

wichtiges Modell aus der → Spieltheorie, das zum Verständnis und
zur Analyse der Bedingungen für
kooperatives Verhalten dient. In seiner Grundform untersucht es Situationen mit zwei handelnden Personen (»Spielern«), in erweiterter
Form kann es aber auch Aufschluss
geben über die Bedingungen soli-
darischen bzw. sozialen Verhaltens
in größeren Gruppen oder in einer
Gesellschaft.

Die Grundsituation des G. besteht
aus zwei Personen, die unabhängig
voneinander entscheiden müssen,
ob sie mit dem anderen kooperieren oder nicht. Die Konsequenzen
kann man z. B. durch Punkte ausdrücken: Kooperieren beide, erhalten sie jeweils zwei Punkte, kooperiert keiner, bekommen sie je einen
Punkt; wer kooperiert, wenn der andere nicht kooperiert, erhält keinen
Punkt, während der nicht Koopera-
tive drei erhält.

Für jeden der beiden stellt sich
die Entscheidungssituation so dar:
»Wenn der andere nicht kooperiert,
ist es für mich besser, ebenfalls nicht
zu kooperieren (ein Punkt), sonst
würde ich ausgenutzt (null Punkte).
Kooperiert er aber, wäre es für mich
am besten, seine Kooperation auszunutzen (drei Punkte), anstatt ebenfalls zu kooperieren (zwei Punkte).
Egal, was der andere tut: Ich fahre
also besser damit, nicht zu kooperieren.« Der andere denkt genauso, so
dass wahrscheinlich keiner von beiden kooperiert. Damit haben sie es
zwar vermieden, ausgenutzt zu werden, aber den Vorteil, der aus einer
Kooperation hätte entstehen könnte,
verspielt (jeder erhält einen Punkt, es
wären aber jeweils zwei möglich gewesen). Im G. führt also individuell
rationales Verhalten (je nach Kon-
text könnte man auch sagen: »Egoismus«, »Rechthaberei« oder »die
Angst, ausgenutzt zu werden«) zu
einem sozial schlechteren Resultat.
Das Prinzip »Wenn jeder an sich
denkt, ist an alle gedacht.« funktioniert nicht.

Mithilfe des G. kann z. B. veran-
schaulicht werden, warum im Duopol (einem Markt mit nur zwei
Anbietern) die Konkurrenzunter-
nehmen sich gegenseitig in einem
Preiskampf ruinieren, anstatt beide
ihre Marktmacht in gute Gewinne
umzumünzen. Oder warum zwei
getrennt verhörte Verdächtige (»Ge-
fangene« – daher der Name) sich
gegenseitig verpfeifen, anstatt zum
gemeinsamen Besten dicht zu halten. Verwandt mit dem G. ist das

Trittbrettfahrerproblem – viele Menschen wollen Gemeingüter in Anspruch nehmen, aber sich um ihren eigenen Beitrag dazu drücken.

Auswege aus dem G. sind z. B. gegenseitige Sympathie, gemeinsam geteilte moralische Werte oder Sanktionen für Nicht-Kooperieren: Die Gefangenen werden einander nicht verraten, wenn sie Freunde sind, eine gemeinsame »Bandenmoral« teilen oder die Rache ihres Gangsterbosses fürchten müssen. Die Wirkung von Sanktionen bietet eine Erklärung dafür, warum in einem Staat bzw. einer Gesellschaft geltende Verbote und daran geknüpfte Bestrafungen dem Einzelnen nützen (können), obwohl sie seine Handlungsmöglichkeiten ja einengen: Indem sie die anderen zur Kooperation zwingen, erzeugen sie einen gesellschaftlichen Mehrwert (z. B. Wohlstand, Sicherheit), der allen zugutekommt und der den Nachteil des Verbots überwiegt.

Eine Lösung des G. ohne regulatives Eingreifen »von oben« kann sich daraus ergeben, dass Menschen in der Realität oft mehrmals oder gar regelmäßig aufeinandertreffen. Kooperationsbereitschaft kann sich also auszahlen, indem es Vertrauen für eine lang anhaltende und für beide nützliche Zusammenarbeit schafft. Um die unter diesen Umständen optimale Strategie zu finden, ließ der amerikanische Politikwissenschaft-

ler Robert Axelrod (* 1943) in den 1980er-Jahren unterschiedliche Strategien in einem Computerturnier gegeneinander antreten (nachzulesen in seinem Buch »Die Evolution der Kooperation«, 1984, deutsch 1987). Es gewann die Strategie »Tit for Tat« (deutsch etwa: »Wie du mir, so ich dir.«), die sich so umschreiben lässt: »Beginne in der ersten Runde mit Kooperation. Tu in jeder folgenden Runde das, was dein Gegenüber in der vorigen Runde getan hat.« Als Merkmale erfolgreicher Strategien – und damit als Ratschläge für Verhalten in wiederholten G.-Situationen – ermittelte Axelrod: Sei freundlich (mit Kooperation beginnen), provozierbar (unfreundliches Verhalten erwidern), verzeihend (wenn der andere dann zur Kooperation zurückkehrt, dies ebenfalls tun), durchschaubar (schnelle, eindeutige Reaktionen auf Kooperation wie Nicht-Kooperation, damit der andere sie als Konsequenz seines eigenen Verhaltens wahrnimmt) und nicht neidisch (das eigene Ergebnis im Blick haben, nicht das anderer).

Geiz

Unwillen, anderen etwas abzugeben oder mit ihnen zu teilen. Nicht mit Sparsamkeit zu verwechseln. Im Gegenteil: Sparsamkeit besteht in einem maßvollen, nicht verschwenderischen Umgang mit Gütern. Sie schont Ressourcen, um sie andernorts sinnvoller einzusetzen und kann durchaus mit Großzügigkeit einhergehen. Geiz dagegen ist ein maßloses Haben-Wollen, das sich allerdings häufig hinter der bürgerlichen Tugend der Sparsamkeit versteckt.

Auf die wahre Natur des Geizes verweist sein lateinischer Name, avaritia, der zugleich auch Habgier bedeutet. Geiz ist sozusagen die Ausgabenseite der → Gier: Wer alles haben will, will auch nichts abgeben. Der engen Verbindung von Geiz und Habgier bedient sich auch die Werbung, wenn sie den Konsumenten vorgaukelt, Geld zu »sparen«, indem sie etwas kaufen, nur weil es – angeblich – günstig ist. Wirkliche Sparsamkeit entscheidet erst über die Notwendigkeit einer Anschaffung und vergleicht danach Preise.

Geld

in Deutschland: erste Stufe des ausgeklügelten dreistufigen Aktionsplans, mit dem die Politik sämtliche Konflikte sowohl innergesellschaftlicher als auch internationaler Art zu lösen versucht. Sollte wider Erwarten G. zur Konfliktbesänftigung nicht ausreichen, zünden automatisch die Stufen zwei und drei: mehr G. und noch mehr G.;

allgemein: in einer sozialen Gemeinschaft (die die Bewohner einer kleinen Insel, aber auch weite Teile der Menschheit umfassen kann) allgemein anerkanntes Tausch- und Zahlungsmittel.

G. erfüllt drei wesentliche Funktionen: Es ist a) Tausch- und Zahlungsmittel, b) Wertmaßstab und c) Wertaufbewahrungsmittel. Grundsätzlich kann jedes Gut die Funktion von G. erfüllen, wenn es in einer Gruppe von Menschen als solches anerkannt ist, z. B. Metalle, Steine, Muscheln oder – wie in Deutschland nach dem Zweiten Weltkrieg – Zigaretten. Allerdings sollte es in der Regel knapp (oder künstlich zu verknappen), leicht transportierbar und nicht verderblich sein, um die Geldfunktionen erfüllen zu können.

Dass G. eine der wichtigsten Erfindungen der Menschheit ist, wird bei dem Versuch deutlich, sich eine Welt ohne ein Tausch- und Wertaufbewahrungsmittel vorzustellen: Tausch wäre bei hinreichend ähnlichen Gütern (Weizen gegen Öl, drei Ziegen gegen eine Kuh) noch relativ einfach möglich, größere Waren (Wagen, Haus) oder gar Dienstleistungen (Unterricht, medizinischen Behandlung) wären schwer handelbar. Fast jeder wäre gezwungen, → Subsistenzwirtschaft zu betreiben. Ohne eigene Landwirtschaft von seinen (z. B. handwerklichen, medizinischen) Fähigkeiten zu leben, wäre ein ständiges Leben am Abgrund. Arbeitsteilung, die ein zumindest geringes Maß an kultureller

Entwicklung ermöglicht, könnte nur innerhalb relativ abgeschlossener Familienclans und Dorfgemeinschaften entstehen – oder in gewaltsam vereinten und aufrechterhaltenen Herrschaftsgebieten.

Kurz: G. schafft die Voraussetzungen von Wohlstand und Freiheit, indem es den Menschen hilft, die Früchte ihrer Arbeit selbst zu ernten und die Vorteile der Arbeitsteilung unter sich aufzuteilen, ohne dass z. B. Eroberer, Raubritter, Großkonzerne, der Staat oder der Bankensektor einen Großteil des dadurch entstandenen Wohlstandszuwachses für sich beanspruchen. Nur dank des Vorhandenseins von G. konnten Gesellschaften von freien und gleichrangigen Mitgliedern entstehen und genügend Wohlstand und Know-how kumulieren, um sich gegen auf Ausbeutung und Zwang (oft auch Sklavenarbeit) basierende Despotien zu behaupten.

Warum klingt das in der Theorie so schön, während in der Praxis G. einer kleinen Elite als Machtmittel über Milliarden Menschen dient? Weil das G. seiner Grundfunktionen nach und nach beraubt wurde und immer noch wird: Schon im Mittelalter wurde es vom Tauschmittel immer stärker zur eigentlichen Ware (→ Frühkapitalismus, → Zins); vom Wertmaßstab für Waren wurde es immer mehr zum Wertmaßstab für Menschen (→ Prädestinationslehre); und vom Wertaufbewahrungsmittel

wurde und wird es immer mehr zu einer jederzeit entziehbaren Gunst.

Wie das G. den Menschen genommen und zum Machtmittel über sie umfunktioniert wurde und wird, deutet die folgende Skizze an – ohne Anspruch auf Vollständigkeit oder chronologische Korrektheit, da die skizzierten Prozesse sich über lange Zeiträume erstrecken und teilweise parallel ablaufen.

1.) Monopolisierung und Zentralisierung des Rechts, G. herauszugeben (Münzen zu prägen);

2.) allgemeiner Zwang, am Geldkreislauf teilzuhaben (z. B. Erheben von Steuern, die in G. – nicht Naturalien – gezahlt werden müssen; Zerstörung der Subsistenzwirtschaft; Zurückdrängung der → Hauswirtschaft);

3.) Ersetzen der Edelmetallwährung (knapp!) durch beliebig vermehrbare Währung ohne inneren Wert (Fiatgeld, engl. Fiat money) – zunächst Papiergeld, später elektronisches G.; Aufweichung und schließlich Aufhebung des Goldstandards (Geldentwertung gab es allerdings schon zuvor, indem dem Gold oder Silber billigere Metalle beigemischt wurden);

4.) Zwang, am elektronischen Zahlungsverkehr teilzunehmen (obligatorisches Bankkonto; Kreditkarten; Personalausweis als Kreditkarte);

5.) Gewöhnung der Menschen an willkürliche Eingriffe in private Vermögen: das Hinnehmen eigener Einbußen ebenso wie – z. B. unter Kultivierung von → Neid – das Gutheißen von Vermögensschäden anderer (→ Divide et impera);

6.) Monopolisierung der Lebensmittelproduktion (Pflanzen, die kein Saatgut mehr produzieren; Patente auf Pflanzen und Tiere); Privatisierung des → Wassers; Übertragung von Nutzungsrechten an Konzerne (→ Investitionsschutzabkommen); Güter von existenzieller Bedeutung werden danach von wenigen Großkonzernen kontrolliert, die die Preise diktieren können;

7.) Abschaffung des Bargeldes: jeder kann nur noch mit seinem Ausweis (oder laut Prophezeiung der → Apokalypse einem »Zeichen« an Hand oder Stirn) bezahlen;

8.) Kappung des Zugangs zum eigenen Konto: keiner weiß, ob es überhaupt noch einen »Kontostand« gibt, ob der nächste Kauf nicht von einem undurchschaubaren Algorithmus an der Kasse abgebrochen wird. Alle leben in ständiger Angst, nichts mehr kaufen zu können (→ In Time).

Geldillusion

G. oder Geldwertillusion liegt vor, wenn Menschen bei ihren wirtschaftlichen Planungen die zukünftige Geldentwertung (→ Inflation) nicht berücksichtigen. Sie treffen also z. B. Entscheidungen, die ihnen → real Verluste einbringen, weil sie auf → nominale Gewinne schielen – etwa durch Parken der Ersparnisse auf dem Sparbuch zu einem Zinssatz unter der Inflationsrate. Die G. hilft u. a. dem Staat, wenn er eine Politik der → Finanzrepression verfolgt.

Soweit die offizielle Bedeutung des Wortes. In einem allgemeineren Sinne kann man G. darüber hinaus so verstehen, dass → Geld insgesamt eine Illusion ist. Wir haben uns so sehr daran gewöhnt, Geld als Wertmaßstab für alles zu verwenden, dass wir ihm einen absoluten Wert zuerkennen, allem anderen nur einen relativen, in Geld bemessenen Wert. Wir sagen bei inflationsbedingten Preissteigerungen »Die Dinge werden teurer.«, nicht »Der Wert des Geldes sinkt.« – weil wir uns so sehr an das Geld als Fixpunkt gewöhnt haben wie der Zugreisende, der meint, die Landschaft bewege sich an seinem Fenster vorbei, sich an sein Zugabteil als Fixpunkt gewöhnt hat. Geld hat also eine virtuelle Welt geschaffen, in der alle, die es als Zahlungsmittel akzeptieren, quasi als ihre eigenen Avatare mitspielen. Diese Parallelwelt wird nur so lange bestehen, wie ausreichend Menschen bereit sind, ihre Energie in sie zu investieren. Danach regiert das Der-Letzte-macht-das-Licht-aus-Prinzip.

Diese grundlegende G. verführt viele Menschen dazu, beim Anlegen ihrer Ersparnisse und bei der → Altersvorsorge einseitig auf den Wert des Geldes zu vertrauen. Sie meiden »unsichere« → Anlageklassen wie → Aktien oder Edelmetalle und glauben, dadurch das Risiko von Verlusten ausgeschlossen zu haben. Tatsächlich setzen sie damit aber alles auf eine Karte, denn von einer starken Geldentwertung (z. B. bei galoppierender → Inflation) sind Sparbuch, Sparstrumpf, Lebensversicherung und Rentenansprüche gleichermaßen betroffen.

Am deutlichsten wird die G. beim Vergleich von (Papier-)Geld und Gold: Gold wird seit Jahrtausenden als Währung eingesetzt, und seitdem besaß es zeit- und kulturübergreifend großen Wert. Eine Goldmünze des Lyderkönigs Kroisos aus dem 6. Jahrhundert v. Chr. würde auch heute noch allein aufgrund ihres Materialwerts als Zahlungsmittel akzeptiert (oder wäre zumindest leicht gegen solches einzutauschen). Papiergeld gibt es seit wenigen Jahrhunderten, und die meisten der seitdem ausgegebenen Banknoten haben heute nur noch musealen Wert. Allein Deutschland hat im 20. Jahrhundert zwei Zusammenbrüche seiner Währung erlebt (das zeitweise in der → Deutschen Demokratischen Republik ausgegebene Spielgeld gar nicht eingerechnet). Wenn nun der Goldpreis schwankt – also der Wechselkurs zwischen Gold und

der gerade aktuellen Währung: Ist dann wirklich Gold dasjenige von beiden, um das man sich Sorgen machen sollte?

Generationenvertrag

beschönigende Bezeichnung dafür, dass 1957 die gesetzliche Rentenversicherung in der Bundesrepublik Deutschland zu einem → Schneeballsystem umgebaut wurde. Das Prinzip der Kapitaldeckung, nach dem – vereinfacht gesagt – jeder als Rente das erhält, was er während seiner Erwerbstätigkeit eingezahlt hat, wurde durch das Umlageverfahren ersetzt. Seitdem kommen die Erwerbstätigen für die Bezüge der jeweiligen Rentnergeneration auf – in der Hoffnung, dass auch ihnen später mal jemand Rente zahlt.

Diese Hoffnung wurde im Verlauf der Jahrzehnte immer vager, denn inzwischen ist eigentlich jedem klar, dass das deutsche Rentensystem in absehbarer Zeit implodieren wird. Was neben der demographischen Entwicklung auch daran liegt, dass Politiker aller Parteien die Rentenversicherung immer wieder zu einer zusätzlichen Wahlkampfkasse umfunktionieren. Während sich ältere Erwerbstätige kurz vor der Rente noch einer (allerdings keinesfalls sicheren) Nach-mir-die-Sintflut-Hoffnung hingeben können, wissen Jüngere und Mittelalte heute, dass sie sich besser nicht auf die gesetzliche

Rente verlassen sollten. (Aber Vorsicht: → Angst vor Altersarmut ist bei einer privaten → Altersvorsorge kein guter Berater – und die Verkäufer einschlägiger Finanzprodukte sind es oftmals auch nicht.)

Der G. hat die Altersarmut also nicht abgeschafft, sondern nur um etwa zwei Generationen in die Zukunft verschoben. Politisch war er aber ein großer Erfolg: Die CDU/CSU unter Bundeskanzler Konrad »Kinder-kriegen-die-Leute-immer«-Adenauer (* 1876, † 1967) erhielt bei der Bundestagswahl 1957 die absolute Mehrheit der Stimmen. Nach 1969 übertrug eine Koalition aus SPD und FDP das Prinzip, Probleme durch Verschuldung künftigen Generationen zuzuschieben, mit krachendem Erfolg auf die Staatsfinanzen. Und dort wurde es seitdem von Regierungen aller Couleur immer weiter perfektioniert und inzwischen – besonders seit Beginn der → Eurokrise – auf europäische Ebene gehoben. Wenn es deshalb irgendwann zur großen Geldentwertung kommt, wird in der Rentenkasse vergleichsweise wenig liegen, das entwertet werden könnte. Und dann hätte der alte Fuchs aus Rhöndorf doch alles richtig gemacht, oder?

Gier

auch Habgier, Habsucht; maßloses Streben nach Reichtum und Besitz; die niemals zufriedenzustellende Sucht, immer mehr haben zu wollen, meist einhergehend (und nah verwandt) mit → Geiz, der nichts abgeben will.

G. ist der Grund dafür, dass Menschen sich nicht mit der Befriedigung grundlegender Bedürfnisse zufriedengeben, sondern weitergehende Wünsche entwickeln – insofern ist sie Motor gesellschaftlichen und technischen Fortschritts, vielleicht sogar Voraussetzung für die Entwicklung unserer Zivilisation. Da sie aber nie zufriedenzustellen ist und nach jeder Wunscherfüllung wieder neue Begierden hervorbringt (meist umso stärker, je reicher eine Gesellschaft bereits ist), ist sie – dem tschechischen Ökonomen Tomáš Sedláček (»Die Ökonomie von Gut und Böse«, 2009, Kapitel 8) folgend – der Grund dafür, dass Angebot und Nachfrage niemals in ein Gleichgewicht gelangen werden. Wenn Konsum aber zur Droge wird, werden wir süchtig nach Wachstum (z. B. einem stetigen Anstieg des → Bruttoinlandsprodukts), was mangels → Nachhaltigkeit auf Dauer den Fortbestand unserer Gesellschaft gefährdet (→ Schneeballsystem; → Zinseszins).

Zu Beginn seines Kapitels über die G. führt Sedláček zwei alte Mythen an (den griechischen von der Büchse der Pandora und den alttestamentarischen von der Vertreibung aus dem Paradies), in denen jeweils die Gier nach bzw. die Neugier auf Dinge, die über die Grundbedürfnisse hinausgehen, mit dem Fluch der → Arbeit in Zusammenhang gebracht werden. Könnte vielleicht Arbeit, wenn sie uns »nur« ernähren müsste, anstatt unseren immer schneller wachsenden Wünschen hinterherzuhecheln, gar »erfüllend« sein?

Globalisierung

Schlagwort für zunehmende internationale Verflechtung, geprägt durch wachsende Mobilität von Menschen und Wirtschaftsgütern, Fortschritte in der Kommunikationstechnik, engere politische und ökonomische Verflechtungen, kulturellen Austausch und Massenkultur.

Der Prozess der G. hat aus vielerlei Gründen Kritik hervorgerufen. Beklagt werden z. B. der Verlust an kultureller Vielfalt und die schwindende Bedeutung der Nationalstaaten – samt der (nur) ihn ihnen verwirklichten → Demokratie. Vor allem werden die ökonomischen, sozialen und ökologischen Folgen hervorgehoben, die daraus resultieren, dass Kapital (und die damit verbundenen Steuereinnahmen und Arbeitsplätze) relativ leicht über Landesgrenzen verschoben werden kann. Multinationale Unternehmen besitzen dadurch ein Erpressungspotenzial gegenüber Staaten und können sich so deren gesetzlichen Regulierungen entziehen.

Gegen die G. kämpfen Gewerkschafter und Umweltschützer genau wie Nationalisten, religiöse Fundamentalisten ebenso wie marxistische Antikapitalisten. Es wird sich zeigen, ob diese breite Gegnerschaft erfolgreich für eine menschenwürdige Zukunft kämpfen kann – oder ob sie den Profiteuren der G. bereitwillig Ansatzpunkte zu ihrer Spaltung bietet (→ Divide et impera).

Grameen Bank

(bengalisch: »Dörfliche Bank«), 1983 von dem bengalesischen Wirtschaftswissenschaftler Muhammad Yunus (* 1940) gegründete Bank, die Mikrokredite – oft unter 50 $ – an einkommensschwache Menschen vergibt, um sie aus dem Kreislauf aus Verschuldung, Wucherzinsen, Armut und Abhängigkeit (von Geldverleihern und Zwischenhändlern) zu befreien.

Obwohl die G. B. keine klassischen Sicherheiten verlangte, wurden über 98 % der Kredite zurückgezahlt; der Erfolg des Konzepts führte dazu, dass es inzwischen in rund 60 Entwicklungsländern Mikrofinanz-Kreditinstitute nach dem Vorbild der G. B. gibt.

2006 wurde die Bank gemeinsam mit ihrem Gründer »für die Förderung wirtschaftlicher und sozialer Entwicklung von unten« mit dem Friedensnobelpreis ausgezeichnet. Leider wurde sie damit in die Sonntagsreden-Liga der Heiligen und der liebenswerten Freaks verfrachtet, die von politischen und wirtschaftlichen »Machern« nicht ernstgenommen werden, weil sie »zu gut für diese Welt« sind. Ein deutlich unbequemeres Signal an die Ökonomen, ihre Vorstellungen von Bank- und Kreditwesen einmal zu überdenken, wäre ein → Nobelpreis für Wirtschaftswissenschaften gewesen, denn er hätte den Fokus statt auf die gute Absicht auf den praktischen Erfolg der G. B. gelegt. Aber um diesen Preis zu bekommen, muss man wohl mit deutlich größeren Summen als 50 $ hantieren (→ Long-Term Capital Management).

Grenznutzen

der zusätzliche Nutzen, der mit einer zusätzlichen Einheit eines Gutes verbunden ist. Im Allgemeinen sinkt der G., je mehr Einheiten des Gutes eine Person oder eine Gruppe von Personen bereits besitzt (Gesetz vom abnehmenden G., auch Sättigungsgesetz). Allerdings ist der G. von der Art und Qualität des Gu-

tes abhängig – und von persönlichen Faktoren wie etwa individuellen Bedürfnissen. Auch der G. des Geldes nimmt mit zunehmendem Reichtum ab. Das bedeutet, dass z. B. 1000 € für arme Menschen sehr viel Geld sind, während ein Multimillionär den Zugewinn von 1000 € meist gar nicht mehr bemerken wird.

Welche Schlüsse sollte ein Mensch mit sehr viel Geld aus dem Gesetz vom abnehmenden G. ziehen? Als rational Handelnder (→ Homo oeconomicus) sollte er weniger Zeit und Energie auf die weitere Vermehrung seines Reichtums verwenden, denn je reicher er wird, desto weniger Nutzen bringt ihm der Zugewinn. Stattdessen sollte er seinen Reichtum nutzen, um sich möglichst viel Zeit freizuschaufeln, die Früchte seines Erfolges auch zu genießen. Leider handelt mancher Superreiche nicht als Homo oeconomicus, sondern eher wie ein Drogensüchtiger: Er strebt nach immer größerer und schnellerer Rendite, um überhaupt noch etwas dabei zu spüren. Für diejenigen, denen er das Geld dafür aus der Tasche zieht, besitzt dieses Geld aufgrund ihres geringeren Reichtums einen deutlich höheren G. Vereinfacht ausgedrückt: Um überhaupt noch einen kurzen Adrenalinkick zu verspüren, muss ein Superreicher sehr vielen Menschen richtig wehtun.

(zur Grenznutzenschule siehe → Arbeitswerttheorie)

Grundeinkommen, bedingungsloses

Konzept, nach dem jeder Bürger der Gesellschaft – unabhängig von seiner Bedürftigkeit oder einer Gegenleistung – vom Staat eine Transferzahlung erhält, die in der Regel (mindestens) dem Existenzminimum entspricht.

Das b. G. kann auch im Rahmen einer negativen → Einkommensteuer verwirklicht werden.

Hand, unsichtbare

eine → Metapher dafür, dass durch die Selbstregulierung des Marktes das am Eigenwohl orientierte Handeln Einzelner auch das Allgemeinwohl (optimal) fördere. Daran knüpft die Forderung des → Laissez-faire an, die besagt, dass der Staat am besten zum Wohlstand beitrage, indem er nicht ins Wirtschaftsgeschehen eingreife.

Der Begriff der u. H. wird allgemein mit Adam → Smith in Verbindung gebracht. Tatsächlich griff dieser lediglich eine deutlich ältere, zu seiner Zeit geläufige Formulierung auf, die er in seinem gesamten Werk dreimal (und nur einmal im Zusammenhang mit ökonomischen Fragen) verwendete. Smith zog das Bild der u. H. zur Erklärung eines Phänomens heran: Wenn jeder sein Kapital so einsetzt, dass es ihm den größten Wertzuwachs ermöglicht, trägt er damit ungewollt auch zur Erhöhung des Volksvermögens bei. Er kritisiert aber die allgemeinere Aussage Bernard Mandevilles (* 1670, † 1733), der in seiner »Bienenfabel« geäußert hatte, aus privaten Lastern entstünden öffentliche Vorteile.

Der Vorstellung von einer u. H. besitzt eine religiöse Konnotation, der Gedanke an eine göttliche Lenkung liegt nahe. Vielleicht ist das der Grund dafür, dass sich in der Wirtschaftswissenschaft die Vorstellung von alles heilenden Marktkräften entwickeln konnte: einem Spiel von Angebot und Nachfrage, das schließlich immer zu einem Gleichgewicht mit optimaler Allokation (Verteilung) aller Ressourcen führe. Dass das nicht funktioniert (→ Marktversagen), hat sich in verschiedenen Bereichen immer wieder gezeigt und dann Kritik und Gegenbewegungen hervorgerufen: Als trotz erfolgreicher Industrialisierung die Arbeiter im Elend lebten, formierte sich im 19. Jahrhundert die Arbeiterbewegung. Dass während der Weltwirtschaftskrise die Marktkräfte keine Rückkehr zur Vollbeschäftigung bewirkten, begründete die Kritik des → Keynesianismus. Dass expandierender Welthandel und zusammenwachsende Weltwirtschaft die ärmeren Weltregionen nicht zu den reicheren aufholen ließen, rief Eine-Welt-Initiativen und Globalisierungskritik auf den Plan. Und dass die Marktkräfte keinen schonenderen Umgang mit den ökologischen Ressourcen unseres Planeten hervorbrachten, ließ die Umweltbewegung entstehen.

Die Gesetzmäßigkeiten des Internets erlauben es vielleicht tatsächlich, von einer u. H. zu sprechen. Diese sorgt allerdings nicht für Ausgleich, sondern bewirkt, dass die jeweils größte Plattform alle anderen vom Markt verdrängt und zum quasi-Monopolisten wird (→ Netzwerkeffekt). Die Formierung einer Gegenbewegung wäre auch hier mehr als angebracht.

Hauswirtschaft

Gesamtheit der in einem Haushalt relevanten wirtschaftlichen Vorgänge und Tätigkeiten. Haushalte müssen ebenso wie Unternehmen und Staat mit dem Phänomen der → Knappheit (z. B. von Zeit, Geld, Wohn- und Lagerraum, Anbaufläche im Nutzgarten) umgehen, weswegen die ökonomische Bedeutung der H. derjenigen von Betriebs- und Volkswirtschaft vergleichbar ist.

In einer H. fallen die Produktion von Gütern und deren Konsum zusammen. Ihre Bedeutung reicht weit über Privathaushalte hinaus, sie betrifft den hauswirtschaftlichen Bereich von Unternehmen und Einrichtungen. Wirtschafter/-innen im Bereich H. arbeiten z. B. in Kantinen, Krankenhäusern, Seniorenwohnheimen, Tagungszentren oder Jugendherbergen. Die Haushaltswissenschaft befasst sich interdisziplinär mit dem Wirtschaften von Haushalten. Zusammen mit den Ernährungswissenschaften bilden die Haushaltswissenschaften das Studienfach Ökotrophologie.

Noch im 19. Jahrhundert war die H. die wichtigste Wirtschaftsform. Seit der Industrialisierung und der damit einhergehenden Massenproduktion (auch von Lebensmitteln) und Verstädterung hat ihre Bedeutung stark abgenommen. Viele Güter, die private Haushalte noch vor wenigen Generationen für den eigenen Bedarf zumeist selbst produzierten (durch Erzeugung, Konservierung und Zubereitung von Lebensmitteln, Kinderbetreuung, Herstellen und Reparieren von Kleidung, Werkzeugen oder Möbeln u. a.), werden heute in zunehmendem Maße von gewerblichen Produzenten gekauft. Um das dazu nötige → Geld zu verdienen, müssen die Haushaltsmitglieder in ihre Arbeitskraft auf dem Arbeitsmarkt anbieten.

Konnten die Menschen in Zeiten vorherrschender H. die Früchte ihrer → Arbeit noch selbst ernten, so verdienen durch die Trennung von Produktion und Konsum Unternehmen (als Arbeitgeber, Produzenten und Händler) und Staat (durch Einkommen- und Umsatzsteuer) mit. Die Zurückdrängung der häuslichen Produktion führt also zu einer Verschärfung der – um mal ein wenig Pathos in die Sache zu bringen – »Ausbeutung des Menschen durch den Menschen«. Und damit zu einem Anstieg des → Bruttoinlandsprodukts.

Hedgefonds

Investmentfonds, der kaum reguliert ist und daher auch auf riskante Finanzinstrumente wie → Leerverkäufe (um von fallenden Kursen zu profitieren), → Derivate oder eine Finanzierung von Wertpapierkäufen durch Fremdkapital (um den Kurs zu »hebeln«) zurückgreifen kann. Hierdurch können H. in allen Marktphasen große Gewinne erzielen, aber auch ein hohes Verlustrisiko bergen.

Kritik entzündet sich u. a. an der großen Macht, mit der H. Kurse beeinflussen, die Politik von Konzernen bestimmen und im Extremfall ganze Volkswirtschaften in den Ruin treiben können. Zudem kann die Insolvenz eines großen H. weite Kreise ziehen und im Extremfall sogar eine Bedrohung für den internationalen Finanzmarkt darstellen (→ Long Term Capital Management).

Hegel, Georg Wilhelm Friedrich

deutscher Philosoph (27. 8. 1770, † 14. 11. 1831), philosophische Abrissbirne der → Aufklärung.

Hatte die Aufklärung Hoffnung auf eine Welt geweckt, in der die Freiheit und das Recht des Einzelnen im Mittelpunkt stehen, so rückten die an H. anknüpfenden Ideologien seit dem 19. Jahrhundert das Kollektiv (v. a. Nation und Klasse) in den Vordergrund. Ermutigten die Aufklärer noch den Menschen – jeden Menschen! –, sich seines eigenen Verstandes zu bedienen, so verführte die Hegelsche Dialektik zu intellektuellem Snobismus, mit dem sich selbsternannte Eliten über die von ihnen verachteten Massen erhoben. Die Verachtung beruht auf gekränkter Eitelkeit, denn die »einfachen Menschen« verweigern den hegelianischen Intellektuellen die Gefolgschaft, weil ihr an der Erfahrung geschulter Verstand deren verquaste Dialektik als Scharlatanerie entlarvt.

Das Denkschema von These, Antithese und Synthese verführte zudem zu Zukunftsprojektionen und Prophezeiungen, von Karl Popper (* 1902, † 1994) als »Historizismus« kritisiert. Die Aufklärer hatten die (offene, nicht festgelegte) Zukunft positiv gestalten wollen; der durch H. inspirierte Historizismus suchte stattdessen mit pseudowissenschaftlicher Akribie die vermeintlichen Gesetze historischer Entwicklung, um sich dann zu deren Erfüllungsgehilfen zu machen. Für Toleranz gegenüber Andersdenkenden – eine der zentralen Forderungen der Aufklärung – ist natürlich kein Platz mehr, wenn manche Leute einfach nicht einsehen wollen, was der Zweck der Geschichte ist.

Hochfrequenzhandel

mit Hilfe von Computern betriebener Handel mit Wertpapieren, die nur für wenige Sekunden oder Bruchteile von Sekunden gehalten werden. Der H. nutzt einen schnelleren Zugang zu Informationen (Kauf- oder Verkaufsorder) und eine schnelle Datenleitung zu verschiedenen Börsen aus, um sich mit nachgefragten Wertpapieren einzudecken und diese dann zu einem höheren Kurs weiterzuverkaufen. Der Gewinn pro Kauf und Weiterverkauf ist gering, aufgrund der großen Anzahl der Transaktionen wandern dadurch aber Milliarden US-$ pro Jahr auf die Konten der Händler.

Homo oeconomicus

ein Mensch, der streng rational nach dem Prinzip handelt, seinen Nutzen zu maximieren.

Vermutlich aufgrund mangelhafter Anpassung an seine natürliche Umwelt verschwand der H. o. bereits in der Frühzeit der Menschheitsgeschichte von unserem Planeten, auf dem sich fortan die evolutionär erfolgreicheren Homo erectus, Homo neanderthalensis und Homo sapiens tummelten. Archäologische Spuren hat der H. o. nicht hinterlassen. Dass er nicht völlig in Vergessenheit geriet, ist einzig den Ökonomen zu verdanken, die mit ihren Theorien dem H. o. einen Schutzraum geschaffen haben, zu dem real existierende Menschen keinen Zugang haben. Ökonomische Theorien, die auf der Modellannahme des H. o. beruhen, sind daher wie utopische Romane, Science Fiction oder Fantasy zu lesen: interessante Gedankenspiele, die im besten Fall eine neue Perspektive auf die Wirklichkeit eröffnen können, mit dieser aber nicht verwechselt werden dürfen. Spannender als in der Wirtschaftswissenschaft ist der H. o. übrigens in Daniel Defoes Roman »Robinson Crusoe« beschrieben.

Inflation

allgemeine und dauerhafte Erhöhung der Güterpreise in einer Volkswirtschaft; gleichbedeutend mit einer Entwertung des Geldes.

Eine I. von jährlich 1–2 % wird in der Regel hingenommen bzw. von der Politik sogar angestrebt, weil das Fehlen einer I. (also eine Inflationsrate von 0 %) die Angst vor einem Abgleiten in eine → Deflation heraufbeschwören würde. Auch eine solch »moderate« Geldentwertung bedeutet aber eine Beeinträchtigung der Wertaufbewahrungsfunktion des → Geldes; sie ist daher vor allem für diejenigen nachteilig, die nicht über Immobilien, Sachwerte und Wertpapiere (siehe → Anlageklassen) verfügen, sondern deren Ersparnisse (einschließlich der Ansprüche aus Renten und Kapitallebensversicherungen) ganz überwiegend in Geld angelegt sind. Eine zweiprozentige Inflationsrate reicht aus, dass 1000 €, die die Großeltern zur Geburt ihres Enkels in den Sparstrumpf stecken, an dessen 18. Geburtstag nur noch eine Kaufkraft von 700 € besitzen. Und bei einer durchschnittlich dreiprozentigen Inflationsrate besäße Geld, das mit 25 Jahren für die eigene Altersvorsorge zurückgelegt wird, bis zum 65. Geburtstag weniger als ein Drittel seiner ursprünglichen Kaufkraft.

Normalerweise haben Sparer die Möglichkeit, den inflationsbedingten Kaufkraftverlust durch → Zinsen auszugleichen oder sogar einen kleinen → realen Gewinn zu erzielen. Bei Zinsen unterhalb der Inflationsrate fällt diese Möglichkeit weg – der Staat saniert seine Finanzen, indem er seinen Bürgern gleichsam eine Strafgebühr fürs Sparen auferlegt (→ Finanzrepression). Auch zu Reallohneinbußen kann I. führen, da Löhne und Gehälter sich nicht automatisch der Preiserhöhung anpassen. Selbst bei Lohnerhöhungen im Rahmen der Inflationsrate kommt es netto zu Einbußen, wenn der Staat »vergisst«, die Steuerbemessungsgrenzen der Inflationsrate anzupassen (kalte → Progression).

Verheerend sind die Auswirkungen einer Hyperinflation, von der man ab einer monatlichen Inflationsrate von etwa 50 % spricht. Das Vertrauen in die Währung nimmt dabei so rasant ab, dass die Kaufkraft sich manchmal binnen weniger Tage oder gar Stunden halbiert. Die Auswirkungen der I. von 1923 auf das tägliche Leben in Deutschland schilderte u. a. der Historiker Sebastian Haffner in seiner postum erschienenen »Geschichte eines Deutschen« (Kapitel 10) sehr eindrücklich. Da Hy-

perinflation oft mit Krieg, Bürgerkrieg oder sozialen Umwälzungen einhergeht, werden diese oft auch als ihre Ursache angenommen. Es ist allerdings zu überlegen, ob ein Geldsystem, das auf → Zins und → Zinseszins basiert, nicht notwendigerweise irgendwann implodieren muss, und dass Kriege und Revolutionen diesen Prozess nur beschleunigen und vielleicht sogar durch die mit der schleichenden Geldentwertung einhergehende Krisenstimmung erst befeuert wurden.

Inside Job

US-amerikanischer Dokumentarfilm aus dem Jahr 2010 (Regie: Charles H. Ferguson; Drehbuch: Chad Beck, Adam Bolt) über die Ursachen der Finanzkrise ab 2007; 2011 als bester Dokumentarfilm mit einem Oscar ausgezeichnet.

Der Film beschreibt die Deregulierung der Finanzmärkte als zentrale Ursache der Finanzkrise. Bewährte Sicherheitsmaßnahmen wie die Trennung von Geschäfts- und Investmentbanken wurden aufgegeben, was zur Folge hatte, dass Spekulationsgeschäfte auch die Ersparnisse und die Altersvorsorge nichtsahnender Sparer vernichten konnten. Zugleich stiegen die Verdienstmöglichkeiten der Investmentbanker, die um 1970 noch unspektakulär im fünfstelligen Bereich lagen, bereits in den 1980er-Jahren in die Millionen.

Weiterhin zeigt der Film die Entwicklung des Subprime-Marktes: Banken vergaben Hypothekenkredite an Personen von geringer Bonität. Diese Kredite wurden gebündelt und als Wertpapiere auf den Markt gebracht, die trotz ihres hohen Ausfallrisikos von den → Ratingagenturen sehr hohe Bewertungen erhielten. Die Finanzinstitute verdienten gleich doppelt, denn sie wetteten auf das Platzen der Papiere, die sie selbst aufgelegt und ahnungslosen Anlegern (zu denen auch institutionelle Anleger wie Rentenkassen gehören konnten) als »sicher« verkauft hatten. Als 2007/08 der Markt zusammenbrach und eine internationale Krise auslöste, verloren Millionen Menschen ihr Geld, ihr Haus oder ihren Job, während ein paar sehr Reiche noch reicher wurden.

Genau wie → The Corporation wurde I. J. nicht deutsch synchronisiert, sondern liegt nur mit deutschen Untertiteln vor.

Interessen

(von lat. »interesse«: dt. »dabei sein«, »dazwischen sein«), Ziele und Bedürfnisse von Personen und sozialen Gruppierungen, die im politischen Raum aufeinandertreffen.

Da es innerhalb einer Gesellschaft viele unterschiedliche, bestenfalls teilweise miteinander zu vereinbarende I. gibt, kommt es zu Interessenskonflikten. Merkmal der → Demokratie ist es, dass diese Konflikte nicht durch Gewalt oder Tabuisierung, sondern durch öffentliche Debatten und das Werben um politische Mehrheiten ausgetragen werden. Eine regelmäßig angewandte »Kriegslist« in diesem Kampf um Mehrheiten und die öffentliche Deutungshoheit ist es, seine eigenen I. zu verschleiern und sein politisches Engagement mit hohen Idealen zu begründen. Beispielsweise könnte ein gut Verdienender für die Verschlankung des Staates eintreten, weil er dadurch seine Steuerlast zu reduzieren hofft, während ein im öffentlichen Sektor Beschäftigter eine Ausweitung staatlicher Aktivitäten wünscht, weil dies seinen Berufsstand aufwertet und ihm vielleicht einen Zugewinn an Einkommen und Einfluss ermöglicht. In der politischen Diskussion würde jedoch keiner von beiden persönliche I. anführen, sondern der eine würde im Namen bürgerlicher Freiheit argumentieren, der andere mehr soziale Gerechtigkeit fordern.

Das Bedenkliche daran ist nicht die Tatsache, dass beide ihre I. vertreten; sondern die, dass sie nicht offen dazu stehen, sich ihrer eigenen I. möglicherweise gar nicht bewusst sind, dem jeweils anderen aber das egoistische Verfolgen eigener I. unterstellen und dies zum Skandal erklären. Der Sinn der Demokratie war es aber nie, alle Menschen in selbstlose Kämpfer für hehre Ideale zu verwandeln. Das könnte sie auch nicht leisten (genauso wenig wie jedes andere politische System) – abgesehen von der Frage, ob es überhaupt wünschenswert wäre, denn woran sollte sich eine Politik zum Wohle aller orientieren, wenn niemand mehr seine I. artikulierte?

Der Anspruch, die Demokratie müsse »moralisch bessere« Menschen hervorbringen, die keine eigenen I. verfolgen, oder der naive Glaube, selbst frei von I. zu sein, gefährden die demokratische Kultur. Denn ersterer führt zu Enttäuschungen, letzterer zu moralischer Selbstüberhöhung Einzelner. Die dann schnell auf die Idee kommen können, zur Erziehung ihrer Mitbürger berufen zu sein – ganz uneigennützig natürlich, und gerne auch mithilfe weit reichender Eingriffe in die Freiheit und die Rechte der »Uneinsichtigen«.

Internalisierung externer Effekte

Instrument der Umweltpolitik: Ausgleich von Kosten oder Nutzen, die durch das Handeln eines Wirtschaftssubjekts (z. B. eines Unternehmens) der Umwelt entstehen.

Emittiert ein Unternehmen Abgase oder leitet Abwasser ungeklärt in einen Fluss, verursacht es dadurch Kosten für die Allgemeinheit. Da das Unternehmen für diese Kosten zunächst nicht aufkommen muss, spricht man von externen Kosten bzw. negativen externen Effekten. Positive externe Effekte wären etwa die Belebung der Innenstadt durch ein Café oder die Bestäubung von Obstbäumen in der Umgebung durch die Bienen eines Imkers.

Da sich externe Effekte für den Verursacher nicht finanziell auswirken, wird er sie in seiner Kalkulation in der Regel nicht berücksichtigen und daraufhin eine volkswirtschaftlich suboptimale Entscheidung treffen (→ Marktversagen). Dies will die I. e. E. verhindern, indem sie dem Verursacher externer Kosten eine Zahlung in entsprechender Höhe aufbürdet (oder dem Verursacher externer Erträge eine Vergütung zahlt). Im Idealfall orientieren sich dann allein aus Eigeninteresse seine Entscheidungen am Gemeinwohl. Die I. e. E. soll also der unsichtbaren → Hand auf die Sprünge helfen.

Interessant wäre es, das Prinzip der I. e. E. von der Umweltpolitik auf andere Bereiche zu übertragen und Unternehmen (z. B. → Banken) Ausgleichszahlungen aufzubürden, wenn sie der Allgemeinheit sozialen oder finanziellen Schaden zufügen.

In Time

(dt. In Time – Deine Zeit läuft ab), Science-Fiction-Thriller von 2011 (USA; Regie und Drehbuch: Andrew Niccol). Der Film spielt in der Zukunft in einer Welt, wo die Menschen mit 25 Jahren aufhören zu altern und dann noch eine Lebenszeit von einem Jahr zur Verfügung haben. Eine Uhr auf dem linken Unterarm zählt die verbleibende Zeit Sekunde für Sekunde herunter.

Lebenszeit fungiert als (einzige) Währung, mit ihr kann man bezahlen, sie kann durch Arbeit vermehrt und durch Diebstahl oder Schenkung übertragen werden. Wessen Lebenszeit-Uhr abgelaufen ist, der stirbt unmittelbar.

Die Welt ist in Zeitzonen aufgeteilt. Während die Reichen im Überfluss leben und sich mit nahezu unbegrenzter Lebenszeit langweilen, herrscht in den Zonen der Armen, die selten mehr als einen Tag restlicher Lebenszeit besitzen, ein ständiger Überlebenskampf. Als es den Protagonisten gelingt, eine Million Jahre zu stehlen und an die Armen zu verteilen, können diese die Grenzen zu den reicheren Zonen überwinden, was das auf ihrer Ausbeutung basierende System zusammenbrechen lässt.

Investitionsschutzabkommen

meist bilateral abgeschlossene völkerrechtliche Verträge zwischen Staaten, deren Grundgedanke darin besteht, Direktinvestitionen im jeweils anderen Land vor Enteignungen (z. B. Verstaatlichungen) zu schützen. I. sind Bestandteil der geplanten Freihandelsabkommen zwischen der Europäischen Union und den USA (→ TTIP) und Kanada (→ CETA).

Das Vermögen (und allgemein die Rechte) von Ausländern vor willkürlichen Eingriffen der inländischen Politik zu schützen, klingt zunächst wünschenswert und wie ein zivilisatorischer Fortschritt. Wenn allerdings die beteiligten Staaten Rechtsstaaten sind, erscheint die Notwendigkeit eines I. zumindest fraglich, denn widerrechtliche Enteignungen finden dort eher selten statt, und dem Enteigneten bliebe der Gang vor ein reguläres Gericht.

Die eigentliche Problematik liegt jedoch in der großzügigen Auslegung des Begriffs »Enteignung«, der auf jeglichen Vermögensschaden des ausländischen Investors ausgedehnt werden kann. Dadurch kann jede Gesetzesänderung – etwa eine Verbesserung der Arbeitsbedingungen, des Umwelt- oder Grundwasserschutzes, das Verbot eines giftigen Inhaltsstoffes oder von → Fracking –

zum Anlass für eine Schadenersatzklage werden. Diese Klagen sollen zudem nicht vor ordentlichen Gerichten, sondern vor privaten Schiedsgerichten (engl. Investor-state dispute settlement, ISDS) verhandelt werden, die keinerlei staatlicher (und damit keinerlei demokratischer) Kontrolle unterliegen. Kritiker befürchten, dass internationale Konzerne bereits durch die Androhung einer milliardenschweren Schadenersatzklage den Gesetzgeber zur Unterlassung unliebsamer Regelungen werden zwingen können. Der I. wäre damit ein Herrschaftsinstrument der Konzerne über die Staaten, die demokratische Selbstbestimmung der Völker erstreckte sich nur noch über ökonomisch irrelevante Bereiche.

In letzter Konsequenz bedeuten die geplanten I. also, dass die gesamte Ressource »Planet Erde« einschließlich der Arbeitskraft der darauf lebenden Menschen denjenigen als Besitz zugeteilt wird, die damit Gewinne erwirtschaften wollen. Wieviel den Menschen zum Überleben bleibt, entscheiden anders als beim → Coase-Theorem nicht Verhandlungen mit den Unternehmen, sondern die Schiedsgerichte.

Job

meist mit → Arbeit verbundene Tätigkeit, die in der Regel jeder aufnehmen muss, der durch Kapitalerträge, Transferleistungen, Verbrechen oder reiche Verwandte nicht genügend Einkommen erzielt.

Als Faustformel gilt: Je wichtiger ein J. für die Gesellschaft ist, a) desto schlechter ist er bezahlt, b) desto mehr wird seine Ausübung durch sinnlose Dokumentationspflichten sowie durch hirnlose Beratungen und Qualitätskontrollen von arroganten Vollpfosten torpediert und c) desto wahrscheinlicher fällt er der nächsten Rationalisierungsmaßnahme (siehe → Euphemismus) zum Opfer. Die bestbezahlten J. sind in aller Regel diejenigen, die zumindest völlig nutzlos, meistens sogar destruktiv sind.

Kafka, Franz

(3. Juli 1883, † 3. Juni 1924) österreichischer Schriftsteller. In vielen seiner Texte finden sich die Protagonisten ausweglos an undurchschaubare, bedrohliche Mächte ausgeliefert; solche Situationen werden in Anlehnung an K. auch als »kafkaesk« bezeichnet.

Wie weit K. seiner Zeit vorausdachte, wirst du wohl erst verstehen, wenn du nach Abschaffung des Bargeldes (→ Geld) deinen implantierten → RFID-Chip vor den Scanner der Supermarktkasse hältst und erfährst, dass aus unbekannten Gründen der Algorithmus beschlossen hat, dich verhungern zu lassen. Es wird die Kassiererin nicht interessieren, dass du immer brav gearbeitet und dich an die Gesetze gehalten hast, und die Leute hinter dir in der Schlange werden angestrengt woanders hinschauen – erleichtert, dass es (noch) nicht sie getroffen hat.

Keynes, John Maynard

(* 5. Juni 1883, † 21. April 1946) britischer Ökonom und Namensgeber des → Keynesianismus, dessen reale Umsetzung er nicht mehr erleben zu müssen das Glück hatte.

Keynesianismus

auf den britischen Ökonomen John Maynard → Keynes zurückgehende Theorie, die davon ausgeht, dass die gesamtwirtschaftliche Nachfrage die entscheidende Größe sei, die die Höhe der Produktion und den Grad der Beschäftigung (und damit den der Arbeitslosigkeit) bestimme. Der K. war vor allem nach dem Zweiten Weltkrieg bis in die 1970er-Jahre maßgeblich für die Wirtschaftspolitik vieler westlicher Staaten.

Eine auf dem K. basierende Wirtschaftspolitik wird auch als nachfrageorientierte Wirtschaftspolitik bzw. Nachfragepolitik bezeichnet. Sie steht im Gegensatz zur angebotsorientierten Wirtschaftspolitik (Angebotspolitik), die davon ausgeht, dass die Gewinnerwartungen der Unternehmen über die Höhe ihrer Investitionen und damit auch der Beschäftigung entschieden. Deren theoretische Grundlage ist das Saysche Theorem von Jean-Baptiste → Say und James Mill (* 1773, † 1836), das davon ausgeht, jedes Angebot schaffe sich seine Nachfrage selbst.

In seinem 1936 erschienenen Hauptwerk The General Theory of Employment, Interest, and Money (dt. Allgemeine Theorie der Beschäftigung, des Zinses und des Geldes) bestritt Keynes die Gültigkeit des Sayschen Theorems. Auf fruchtbaren Boden fielen Keynes' Gedanken nicht zuletzt aufgrund der Erfahrungen der Weltwirtschaftskrise: Die Politik hatte weitgehend darauf vertraut, dass bei flexiblen Preisen und Löhnen die Kräfte des Marktes schon für Vollbeschäftigung sorgen würden – und eine Politik des → Laissez-faire verfolgt. Dies hatte sich in fatalem Ausmaß – millionenfache Arbeitslosigkeit, vor allem in den USA und in Deutschland – als falsch erwiesen.

Da die private Nachfrage starken (und sich selbst verstärkenden) konjunkturellen Schwankungen unterliegt, forderte Keynes, die Politik solle durch antizyklische Eingriffe für eine relativ gleichbleibende Nachfrage sorgen. Im Klartext: In konjunkturellen Abschwungphasen solle der Staat sich verschulden (Defizitfinanzierung, Deficit spending), um die Nachfrage zu erhöhen – »die Wirtschaft anzukurbeln« – und so ein Abgleiten in die Rezession zu vermeiden. In Phasen der Hochkonjunktur soll dann Geld abgeschöpft werden, um eine »konjunkturelle Überhitzung« zu vermeiden und die zuvor gemachten Schulden wieder zu begleichen.

Kritisiert wurde der K. aus verschiedenen Gründen. Der simpelste ist der, dass es viel einfacher ist, Unternehmen oder Menschen Geld zu geben, als politisch durchzusetzen, dass man es von ihnen zurückzubekommt. Unternehmen verschaffen sich in den Aufschwungphasen regelmäßig mit ihren Warnungen erfolgreich Gehör, das zarte Pflänzchen der Konjunktur dürfe doch jetzt nicht durch höhere Steuern mutwillig zertreten werden. So bleibt das Deficit spending eine dauerhafte Spende des Staates, der im Gegenzug auf den Defiziten sitzenbleibt. Nach einigen Jahren schuldenfinanzierter Atempause sieht sich die keynesianische Wirtschaftspolitik wieder mit den Problemen konfrontiert, die sie eigentlich lösen wollte – zuzüglich erhöhter Staatsverschuldung.

Bildhaft formuliert, gleicht der K. dem Versuch eines Verdurstenden in der Wüste, durch Wegschütten seines letzten Trinkwassers die Verdunstung anzukurbeln, damit es endlich regnet. Wie wenig das funktioniert, zeigen Untersuchungen, nach denen der Staat froh sein muss, mit einem zusätzlichen Dollar Verschuldung auch nur 10 Cent Zuwachs beim → Bruttoinlandsprodukt zu erreichen. (In der unmittelbaren Nachkriegszeit »rechnete« sich der K. wenige Jahre lang: Das durch Verschuldung ausgelöste Wirtschaftswachstum übertraf die Höhe der Schulden um ein Mehrfaches.)

Knappheit

Zustand, der in Bezug auf ein bestimmtes Gut (physische Ware, Dienstleistung, Recht) besteht, wenn die vorhandene Menge dieses Gutes nicht ausreicht, um den bestehenden Bedarf zu befriedigen – wenn also die Nachfrage das Angebot übersteigt. Nur das Phänomen der K., also die Existenz knapper Güter, macht → Wirtschaft überhaupt notwendig. Gäbe es nur freie (also in zumindest ausreichender Menge vorhandene) Güter, dann müsste niemand »wirtschaften«.

Klassische Aufgabe der Wirtschaft ist es, K. zu reduzieren. Dies geschieht nicht notwendigerweise durch eine Vergrößerung der Menge des knappen Gutes (Produktion). Individuell oder regional bestehende K. wird durch Handel bzw. Fernhandel reduziert, zeitliche (z. B. saisonale) K. durch Lagerhaltung. Deutlich mehr lässt sich allerdings an K. verdienen, wenn man sich nicht darauf beschränkt, sie zu reduzieren, sondern indem man selbst die K. erzeugt, an der man sich anschließend durch Bereitstellung des entsprechenden Gutes bereichert.

Eine vergleichsweise harmlose Form, künstlich K. zu erzeugen, ist die Weckung eines zuvor nicht vorhandenen Bedarfs, etwa durch Werbung oder Product-Placement. Kann man sich diesem als Konsument noch durch Ignorieren oder Verzicht entziehen, so ist die absichtliche Verkürzung der Lebensdauer von Produkten (geplante → Obsoleszenz) schon schwieriger zu erkennen und zu umgehen. »Königsdisziplin« der künstlichen Erzeugung von K. ist die Verknappung eines dringend benötigten, ursprünglich reichlich vorhandenen Gutes wie z. B. von → Wasser – auf juristischem Wege (Durchsetzen von Verboten, Reklamieren von Eigentum) oder mit physischen Mitteln (gewaltsame Inbesitznahme, Zerstörung frei verfügbarer Mengen des Gutes).

Laissez-faire

(frz. »lasst machen«), im 18. Jahrhundert in Frankreich formulierte Forderung an den Staat, sich – insbesondere ins Wirtschaftsleben – nicht einzumischen.

Der Erfolg dieser vom Liberalismus immer wieder erhobenen Forderung resultiert u. a. darin, dass Millionen Menschen, die ihre wirtschaftlichen Entscheidungen frei von politischer Einmischung (z. B. staatlichen Privilegien und Preisfestlegungen, der Verhinderung der freien Berufsausübung oder sozialistischen Fünfjahresplänen) treffen können, ihren Einfallsreichtum und ihre jeweilige Marktkenntnis viel effizienter einsetzen können als eine vom Denken in überkommenen Strukturen und politischen Ideologien geprägte staatliche Regulierungsbehörde.

Wird das L.-f. selbst zur Ideologie erhoben und jede gesetzliche Regulierung des Wirtschaftslebens abgelehnt, droht das Paradoxon der → Freiheit: Im Wirtschaftsleben herrscht Anarchie, die es Wenigen ermöglicht, ihre → Macht zulasten

Vieler zu erweitern. Die Freiheit in einer Gesellschaft ist also nicht dort am größten, wo es gar keine Regulierung gibt. Auf Basis dieser Erkenntnis entwickelten Vordenker wie Walter → Eucken den Ordoliberalismus, in dem der Staat dem Missbrauch ökonomischer Macht einen Riegel vorschiebt, innerhalb des von ihm gesetzten Rahmens aber nicht in die Entscheidungen der wirtschaftlichen Akteure eingreift. Der frühere Bundeswirtschafts- und Finanzminister Karl Schiller (* 1911, † 1994) formulierte es so: »So viel Markt wie möglich, so viel Staat wie nötig.«

Leerverkauf

(engl.: short sale), Verkauf eines Gutes, über das der Verkäufer im Augenblick des Vertragsabschlusses (noch) gar nicht verfügt.

Ein L. kann zur Absicherung eines Terminkaufs dienen. Wer zu einem bestimmten (zukünftigen) Termin und zu einem bereits festgelegten Preis ein Gut erworben hat, kann mittels L. bereits vor Erhalt des Gutes dessen Weiterverkauf regeln. Häufig dienen L. allerdings der Spekulation: Verkäufer und Käufer »wetten« auf den künftigen Kurs z. B. einer Aktie, indem sie einen Kaufvertrag über diese Aktie zu einem festgelegten Termin und Preis abschließen. Der Verkäufer hofft, dass der Aktienkurs an diesem Termin unterhalb des vereinbarten Preises liegt. In diesem Fall kann er sich an der Börse günstig mit den Aktien eindecken und sie gleich mit Gewinn beim Käufer abliefern. Ist der Kurs allerdings gestiegen, muss er an der Börse jeden Preis für die Aktien zahlen, um den Vertrag zu erfüllen.

Umgekehrt profitiert der Käufer von gestiegenen Kursen und zahlt bei gefallenen Kursen drauf. Er kann jedoch maximal den Kaufpreis verlieren (wenn der Aktienkurs auf Null gefallen sein sollte), während das Risiko des Verkäufers – genau wie der Aktienkurs – theoretisch nach oben unbegrenzt ist.

Lichtsignalanlage

Abk. LSA, umgangssprachlich Ampel, vordergründig ein technischer Apparat, der den Straßenverkehr regelt; zugleich Symptom und Sinnbild eines Staatsverständnisses, das die Regulierung zum Selbstzweck erhoben hat.

Wie das Staatsverständnis hat auch die L. einen Wandel durchlaufen, ohne dabei allerdings grundsätzlich ihr Bild vom Menschen als eines regulierungsbedürftigen Mängelwesens aufzugeben. Ein Bild, das sie ihrerseits zu verfestigen hilft, denn die meisten Menschen reagieren auf L. mit der trotzigen Unreife desjenigen, der sich bevormundet fühlt, und beschleunigen etwa beim Zufahren auf

eine grüne oder gelbe Ampel, um einer obrigkeitlich verordneten Wartezeit zu entgehen.

Wichtige Etappen in der Geschichte der L. sind:

Die Old-School-Ampel – Sinnbild eines Staates, in dem der Mensch für die Ordnung da ist, nicht die Ordnung für den Menschen: Sie zieht ihren festgelegten Rhythmus von Rot- und Grünphasen bedingungslos durch. Egal ob das »Grün« gerade überhaupt jemand braucht und egal wie viele Fahrzeuge dafür bei »Rot« warten müssen – selbstverständlich auch um zwei Uhr nachts. Egal auch, ob zu Hauptverkehrszeiten immer nur zwei Linksabbieger pro Grünphase die Kreuzung passieren können und der dadurch entstehende Rückstau die gesamte Innenstadt verstopft.

Die Nanny-Staat-Ampel – Sinnbild eines Staates, dessen Regierende nicht von »Bürgern«, sondern von »Menschen« sprechen und sie – natürlich nur zu ihrem Besten – bevormunden: Sie perfektioniert die Old-School-Ampel, indem sie sozusagen jeden Verkehrsteilnehmer einzeln an die Hand nimmt und sicher über die gefährliche Kreuzung führt. Jede Abbiegerspur, jeder Fußgängerüberweg hat eine eigene Grünphase. Typisches Erlebnis an einer Nanny-Staat-Ampel: Sie fahren auf die rote Ampel zu, halten an und sehen während der ganzen Zeit Autos von rechts ihre Straße kreuzen. Nach gefühlter Unendlichkeit stoppen dort endlich die Fahrzeuge. Einige Sekunden, in denen Sie erwartungsvoll auf ihre Ampel blicken, passiert nichts. Dann starten die Autos, die von links Ihre Straße kreuzen. Dass danach erst noch die entgegenkommenden Linksabbieger dran sind, wissen Sie jetzt noch nicht.

Die »intelligente« Ampel – Sinnbild eines Staates, der seinen Gestaltungswillen auf den Versuch reduziert hat, diejenigen Probleme abzumildern, die es ohne ihn nicht gäbe: Unnötige oder unnötig lange Rotphasen sucht sie zu vermeiden, indem sie ermittelt, ob bzw. wie viele Fahrzeuge von den verschiedenen Seiten über die Kreuzung fahren wollen. Gerne erzieht sie Sie bei dieser Gelegenheit auch, indem zu schnelle Fahrzeuge erst einmal die rote Karte gezeigt bekommen. Die »intelligente« Ampel – vorausgesetzt, dass ihre Programmierer mit ihr intellektuell mithalten konnten – regelt den Verkehr tatsächlich effizienter als ihre älteren Varianten. Allerdings lange nicht so effizient wie es möglich wäre, wenn der Staat seinen Bürgern ein wenig Verantwortung zugestände, dem Prinzip der Selbstregulierung vertraute und die Kreuzung durch einen Kreisverkehr ersetzte; der ist nämlich immerhin pareto-effizient (siehe Vilfredo → Pareto).

Lobbyismus

Form der Interessenvertretung in der Politik, die von Interessengruppen vor allem durch persönliche Kontakte mit Vertretern der Exekutive und der Legislative sowie eine Beeinflussung der öffentlichen Meinung durch intensive Öffentlichkeitsarbeit betrieben wird. Die Artikulation eigener → Interessen ist durchaus legitim und sogar ein wichtiger Bestandteil demokratischer Kultur. Sie kann aber zur Gefahr für die → Demokratie werden, wenn der L. einzelner Gruppen ein Ausmaß annimmt, durch das die Interessen der restlichen Bevölkerung kaum noch Gehör bei den Politikern finden.

Im November 2015 veröffentlichte der Deutsche Bundestag nach einem längeren Rechtsstreit (sprich: nicht ganz freiwillig) eine Liste der Lobbyisten, die von der Bundestagsverwaltung oder einer der Fraktionen mit einem Hausausweis ausgestattet wurden und so über Zugang zum Parlament verfügen. Allein die Fraktionen (wobei die Union am aktivsten war) ermöglichten über 1000 Personen von über 400 Unternehmen, Verbänden und Institutionen, sich im Bundestag fast so frei und selbstverständlich bewegen zu wie die (momentan 630) Abgeordneten. Unter ihnen befinden sich auch zahlreiche Vertreter von Lobbyagenturen; sie betreiben L. für Auftraggeber, deren Identität der Öffentlichkeit somit auch nach Veröffentlichung der Liste verborgen bleibt. Nach massiver öffentlicher Kritik beschloss das Parlament im Januar 2016, keine neuen Hausausweise mehr auszustellen und die Zugangsregeln für Lobbyisten zum Parlament zu verschärfen.

Doch auch mit strengeren Regeln wäre das Problem nicht gelöst, denn L. erschöpft sich nicht darin, an die Bürotür von Bundestagsmitgliedern zu klopfen oder mit diesen in der Bundestagskantine zu essen. Teilweise finanzieren Unternehmen oder Interessenverbände Stellen innerhalb der Ministerien, die mit einem »ihrer Leute« besetzt werden, der dann ein zu beschließendes Gesetz im Sinne seines Auftraggebers formuliert; der zuständige Minister brüstet sich womöglich noch damit, durch diesen partiellen Verkauf der Demokratie Personalkosten gespart zu haben. Auch der Wechsel von Politikern zu Lobbyistenverbänden oder von Ministern fast unmittelbar nach Ende ihrer Amtszeit in hochdotierte Vorstandsämter bei Konzernen lässt erahnen, wie eng der L. mit der Politik verflochten ist.

Einer der ersten professionell arbeitenden Lobbyisten in Deutschland ging übrigens den umgekehrten Weg – vom L. in die Politik. Gustav Stresemann (* 1878, † 1929), später langjähriger Abgeordneter und Außenminister der Weimarer Republik (1923–1929) sowie Friedensnobelpreisträger (1926), begann seine Karriere 1901 als Interessenvertreter des Verbandes deutscher Schokoladenfabrikanten.

Lohn, gerechter

utopische Vorstellung, deren alle zufriedenstellende Umsetzung bereits daran scheitert, dass es auch nach jahrhundertelanger Diskussion keine von allen akzeptierte Definition von Gerechtigkeit gibt.

Die Extremposition, dass jeder unabhängig von seiner Leistung – oder auch nur Leistungsbereitschaft – das Gleiche bekommen solle, entspricht kaum dem allgemeinen Gerechtigkeitsempfinden. Dies gilt umgekehrt aber genauso für die marktradikale Position, nach der jeder genau den Lohn verdient, den er am Arbeitsmarkt erzielen kann. Auch die Ergebnisse von Tarifverhandlungen spiegeln meist nicht den gesellschaftlichen Nutzen einer Berufsgruppe wider, sondern vor allem deren Erpressungspotenzial. Krankenhaus-Pflegekräfte, die auch während des Streiks eine Versorgung für akute Notfälle aufrechterhalten müssen und wollen, haben im Arbeitskampf eben schlechtere Karten als Piloten, die ihrem Arbeitgeber mit jedem Streiktag millionenschwere Verluste beibringen können.

In Deutschland verdienten die Vorstände der DAX-30-Konzerne 2012 im Schnitt das 53-fache ihrer Mitarbeiter. Einzelne Konzernchefs erzielen mehr als das Zwei- oder Dreihundertfache Einkommen eines einfachen Mitarbeiters ihres Unternehmens. Sowohl Unternehmen (im Rahmen der Corporate Identity) als auch einer demokratischen Gesellschaft insgesamt wäre es möglich – und diente vielleicht auch ihrem Zusammenhalt –, über einen g. L. zu debattieren und einen Rahmen festzulegen, innerhalb dessen sich Löhne und sonstige Bezüge bewegen sollen.

Long-Term Capital Management

Abk. LTCM, 1994 gegründeter → Hedgefonds. Unter seinen Direktoren waren auch Myron Samuel Scholes (* 1941) und Robert Carhart Merton (* 1944), die 1997 den → Nobelpreis für Wirtschaftswissenschaften erhielten. Da haben sie Glück gehabt, denn schon ein Dreivierteljahr danach wäre es für diesen Preis zu spät gewesen: LTCM war grandios gescheitert, drohte zwischenzeitlich sogar, das internationale Finanzsystem mit in den Abgrund zu reißen und wurde daher – Bewohner des 21. Jahrhunderts ahnen es bereits – mit dem Geld von Menschen, die noch nie einen Nobelpreis für Wirtschaftswissenschaften gewonnen hatten, gerettet.

Lyssenkoismus

nach dem sowjetischen Biologen Trofim Denissowitsch Lyssenko (* 1898, † 1976) benannte Lehre, dass nicht die Gene, sondern die Umweltbedingungen die Eigenschaften von Pflanzen bestimmen.

Lyssenko lehnte die Genetik aus ideologischen Gründen als »faschistisch« und »bourgeois« ab, leugnete die Existenz von Genen und behauptete unter anderem, je nach äußeren Bedingungen könne aus einem Weizensamen eine Roggenpflanze wachsen und umgekehrt. Das ist zwar Unsinn und war auch nach dem damaligen Stand der Wissenschaft schon widerlegt, aber da Lyssenko ein Günstling Stalins war, konnte er seine wissenschaftlichen Kritiker öffentlich diskreditieren (→ argumentum ad hominem), was viele von ihnen nicht überlebten. Dass die Anwendung des L. in der Praxis zu massiven Ernteeinbußen und fatalen Hungersnöten führte, war selbstverständlich kein Anlass zur Kritik an dieser Lehre, sondern die Schuld von »Saboteuren«.

Machiavellismus

nach dem florentinischen Philosophen Niccolò Machiavelli (* 1469, † 1527) benannte politische Philosophie, nach der zur Erringung und zum Erhalt der → Macht alles erlaubt ist, Macht also über Recht und Moral steht. Als machiavellistisch kann sowohl das Handeln einzelner Menschen als auch das von Staaten oder Organisationen (z. B. Unternehmen) bezeichnet werden.

In der politischen Sphäre, die Machiavelli in seiner 1513 verfassten Schrift »Der Fürst« (ital. »Il Principe«) eigentlich im Blick hatte, wird mit dem Begriff M. meist ein rücksichtsloses Streben nach Macht bzw. ein skrupelloser Gebrauch derselben kritisiert. In diesem Sinne kann er selbstverständlich auch auf das Verhalten von (Führungs-)Personen in Unternehmen oder anderen Organisationen angewendet werden. Weniger negativ als der M. von Einzelpersonen *in* Organisationen ist derjenige *von* Staaten oder Unternehmen angesehen. So genießt die Staatsräson, nach der das Interesse des Staates am Selbsterhalt für die politisch Handelnden über anderen moralischen Prinzipien steht, durchaus Akzeptanz – ebenso wie das Führungsprinzip von Unternehmen, der Gewinnmaximierung andere Ziele unterzuordnen (→ Shareholder Value, → The Corporation).

Wirklich trennen lassen sich beide Ebenen allerdings nicht. Der M. fordert zwar eine gewisse Robustheit bei der Führung von Machtkämpfen, die Machtausübung darf aber nicht gegen existenzielle Interessen des eigenen Gemeinwesens oder Unternehmens gerichtet sein. Wer seine Gegner mit allen Mitteln absorviert, ist Machiavellist. Wer die dadurch gewonnene Macht nutzt, um Millionenboni zu kassieren, indem er sein Unternehmen bewusst in die Pleite führt, handelt eher soziopathisch als machiavellistisch.

Macht

die Kehrseite der Medaille, die wir »→ Freiheit« nennen.

Laut der Definition des deutschen Soziologen Max → Weber, der vielleicht bekanntesten, ist M. »jede Chance, innerhalb einer sozialen Beziehung den eigenen Willen auch gegen Widerstreben durchzusetzen, gleichviel worauf diese Chance beruht«. Weber weist zu Recht darauf hin, dass M. auf sehr unterschiedlichen Gründen basieren kann. Beispiele sind u. a.: Hierarchien im Staat und in Organisationen (z. B. Unternehmen), ökonomische M., gesellschaftlich zugewiesene Rollen, persönliche Überzeugungskraft (gute Argumente, Charisma), Versetzung der Menschen in → Angst, Bündnisse und Netzwerke.

Eine Schwäche der Weber'schen Definition ist, dass sie durch die Fokussierung auf die Durchsetzung des eigenen Willens impliziert bzw. nahelegt, M. werde stets als Mittel zum Zweck eingesetzt. Selbst dann, wenn Macht skrupellos und zur Durchsetzung eines moralisch fragwürdigen Willens eingesetzt wird, wird sie dadurch als Mittel für ein rationales Ziel verstanden (siehe → Machiavellismus). Der Machtmensch wird als → Homo oeconomicus gesehen, wenn auch als gewissenloser. Dadurch wird die Möglichkeit ausgeblendet, dass M. nicht nur ein Mittel, sondern auch Zweck – im Extremfall Selbstzweck – menschlichen Handelns sein kann. Denn nicht alle Menschen, die M. anstreben, wollen diese zum eigenen Vorteil nutzen. Nicht selten geht es ihnen – sogar unter Inkaufnahme von Nachteilen – allein um das Gefühl, M. auszuüben. Ohne ein rationales Ziel vorauszusetzen, kann man M. definieren als die Möglichkeit, jemand anderem Schaden zuzufügen. Gesellschaftlich sanktioniert ist diese M., wenn man für diese Schädigung des anderen keine Bestrafung fürchten muss.

Auch Reichtum, der im ökonomischen Bereich M. bedeutet, kann nicht nur rational (z. B. um ein gutes Leben zu führen), sondern auch irrational eingesetzt werden, etwa um jemandem zu schaden oder um »sinnlos« ökonomische Werte zu vernichten, einfach weil man »sich das leisten kann«. Die entscheidende Frage, wenn wir einer zerstörerischen M. gegenüberstehen, lautet also nicht *warum*, nicht einmal »→ Cui bono?«, sondern schlicht, *wie* wir den destruktiven Gebrauch von M. eindämmen können.

Malthus, Thomas Robert

britischer Ökonom,
* Februar 1766, † 29. 12. 1834.

Dem Fortschrittsoptimismus seiner Zeit stellte M. die These entgegen, dass die Bevölkerung exponentiell, die Nahrungsmittelproduktion aber nur linear wachse. Bevölkerungswachstum erhöhe auf Dauer nicht die Wirtschaftskraft eines Landes, sondern verknappe und verteuere die Lebensmittel, woraufhin Armut und Hunger die Bevölkerungszahl wieder zurückgehen ließen (Malthusianische Katastrophe). Dieser Zyklus von Wachstum und Verelendung sei ein Naturgesetz, marktwirtschaftliche Prozesse könnten ihn nicht verhindern (→ Marktversagen). M., der auch anglikanischer Pfarrer war, empfahl sexuelle Enthaltsamkeit zur Reduzierung der Geburtenrate.

Der Malthusianismus war besonders im 19. Jahrhundert eine einflussreiche, aber auch umstrittene Theorie. So schloss sich etwa Karl → Marx der Kritik an, M. liefere den Reichen eine bequeme Begründung und Entschuldigung für die Armut der Massen. Der Sozialist und Vorkämpfer der Arbeiterbewegung Ferdinand Lassalle (* 1825, † 1864) leitete das »eherne Lohngesetz«, wonach sich der Durchschnittslohn immer auf Höhe des Existenzminimums einpendle, aus dem Malthusianismus ab – und daraus die Notwendigkeit für die Arbeiter, politisch und mithilfe von Gewerkschaften für eine Verbesserung ihrer Situation zu kämpfen.

Zumindest in den Industrieländern bestätigten sich die Thesen des Malthusianismus nicht, weil der technische Fortschritt die Produktion von Lebensmitteln anheizte, stärker als von M. angenommen, während die Wachstumsrate der Bevölkerung sank (und heute z. B. in Deutschland sogar negativ – also eine Schrumpfungsrate – ist). In globaler Betrachtung allerdings führt die Lebensmittelproduktion der Industrieländer zu Verarmung und Hunger in den Entwicklungsländern. Die Grundgedanken M.s sind daher bis heute aktuell. Man begegnet ihnen z. B. auch in der Wachstumsskepsis des Club of Rome (→ Die Grenzen des Wachstums).

Manchesterkapitalismus

auch Manchesterliberalismus, ein Schlagwort, mit dem eine besonders unsoziale Variante des (ungebremsten) Kapitalismus bezeichnet werden soll.

Der Begriff M. oder »Manchester School« war von Beginn an ein Schmähbegriff gegen die Befürworter des Freihandels, die sich als Anti-Corn Law League formiert hatten und in den 1840er-Jahren – schließlich erfolgreich – um parlamentarische Mehrheiten für eine Abschaffung der Getreidezölle in Großbritannien kämpften. Während die Getreidezölle die Gewinne der Großgrundbesitzer sicherten, sollte ihre Abschaffung, die »Manchesterliberale« um Richard Cobden (* 1804, † 1865) und John Bright (* 1811, † 1889) betrieben, zu einer Senkung der Lebensmittelpreise führen und damit den Armen zugutekommen. Ein deutscher Vertreter des M. war Hermann Schulze-Delitzsch (* 1808, † 1883), einer der Mitbegründer des Genossenschaftswesens.

Da der Begriff M. erfolgreich zum politischen Schlagwort gemacht geworden war, zählte der Einsatz für Landbevölkerung, Arbeiterschicht oder kleine Gewerbetreibende nicht mehr. Einem seit dem Viktorianischen Zeitalter andauernden Shitstorm ausgesetzt, gelten Manchesterkapitalisten daher bis heute als besonders gierige und menschenverachtende Bestien.

Markt, vollkommener

→ Modell eines (realen oder virtuellen) Ortes, an dem Angebot und Nachfrage aufeinandertreffen und wo zudem folgende Voraussetzungen erfüllt sind:

1.) vollkommene Markttransparenz (alle für Kauf oder Verkauf relevanten Informationen sind jedem Marktteilnehmer bekannt);

2.) Homogenität (Gleichartigkeit) der Wirtschaftsgüter;

3.) Präferenzlosigkeit (keine Vorliebe der Käufer für bestimmte Marken oder Verkäufer);

4.) Gleichzeitigkeit (sofortige Reaktion aller Marktteilnehmer auf eine neue Information);

5.) alle Marktteilnehmer handeln rational mit dem Ziel der Gewinn-/ Nutzenmaximierung (→ Homo oeconomicus);

6.) es herrscht vollständige Konkurrenz, d. h., die Marktteilnehmer handeln als Mengenanpasser – niemand besitzt genug Marktmacht, um die Preise zu beeinflussen.

Zwar kommen große Online-Handelsplattformen (auch der Online-Börsenhandel) diesen Bedingungen einigermaßen nahe, doch bleibt der v. M. eine Idealkonstruktion, die in der Realität nie erreicht wird. Trotzdem ist er so etwas wie der heilige Gral der Wirtschaftswissenschaft: Angebot und Nachfrage treffen sich im Marktgleichgewicht, die Gleichgewichtsmenge wird zum Gleichgewichtspreis komplett abgenommen (keine Ressourcenverschwendung!), und alle sind glücklich. Mit Ausnahme vielleicht der Anbieter, denn der Gleichgewichtspreis entspricht den Grenzkosten, sodass niemand Gewinn macht. Auch deshalb sind findige Marktteilnehmer mit vielfältigen Versuchen beschäftigt, durch geheime Transaktionen (→ Dark Pools), Insiderhandel, Werbung, Schnelligkeit (→ Hochfrequenzhandel), Kartellbildung, die Erlangung von Marktmacht oder andere Mittel einzelne Bedingungen des v. M. auszuhebeln, um ihre Chancen auf ökonomischen Erfolg zu erhöhen.

Marktversagen

Umschreibung dafür, dass sich nicht alle Probleme der Welt wie von Zauberhand (unsichtbare → Hand) in Luft auflösen, wenn wir einfach die Kräfte des Marktes gewähren lassen (→ Laissez-faire). Versagt haben aber vor allem wir selbst – weil wir uns haben einreden lassen, dass der

Markt dies wirklich leisten könne. Und weil wir unsere Verantwortung, die Welt menschlich zu gestalten, aus Bequemlich- und Gleichgültigkeit an »den Markt« delegiert haben.

Marktwirtschaft

Wirtschaftssystem, in dem die Koordination dezentral auf Basis von Kauf- und Verkaufsentscheidungen aller Marktteilnehmer, also der Menschen, erfolgt.

Von Kritikern wird die M. oft mit dem ungezügelten Kapitalismus in einen Topf geworfen und für alles Schlechte in der Welt verantwortlich gemacht. Zwar stimmt es, dass die M. die Möglichkeit schafft, Reichtum anzuhäufen und → Macht zu erzeugen, was sozial unerwünschte Eigenschaften (z. B. → Gier) hervorrufen kann. Da wir aber nicht einfach aufhören können zu »wirtschaften«, sollten Kritiker der M. immer auch Alternativen ins Auge fassen. Anders als Kapitalismuskritik in der Nachfolge Jean-Jacques → Rousseaus glauben machen will, hat nicht erst Eigentum (und die darauf beruhende Wirtschaftsordnung) Konkurrenz, Rivalität und Egoismus hervorgebracht. Vielmehr zeigt die Geschichte, dass auch andere Wirtschaftssysteme und die damit verbundenen Staats- und Gesellschaftsformen ausgesprochen üble Charaktereigenschaften in den Menschen wecken können.

Die M. wurde nicht durch politische Entscheidungen erschaffen, sondern ist quasi der Naturzustand menschlichen Wirtschaftens. Sie entstand in dem Augenblick, als zwei prähistorische Menschen erstmals die Früchte ihrer Arbeit oder ihres Besitzes freiwillig tauschten. Ohne M. gäbe es entweder gar keine Umverteilung von Gütern, oder sie müsste gegen den Willen mindestens eines Betroffenen geschehen – etwa durch Raub, Versklavung, Feudalismus oder Zwangswirtschaft. Diese Alternativen sind nicht nur ineffizienter als die M., denn sie verschwenden Wirtschaftsgüter und vermindern daher den Wohlstand einer Gesellschaft. Sie basieren zudem auf Macht – die missbraucht werden kann. Anders als in einer M. entsteht solche Macht aber nicht innerhalb des Systems »Wirtschaft«, sondern außerhalb. Sie ist daher durch Ereignisse innerhalb des Systems (insbesondere durch ökonomischen Misserfolg) kaum zu erschüttern. In einem System, das sich nicht durch den Niedergang von Unternehmen erneuern kann, machen sich Ineffizienzen breit, bis es in Hunger, Despotie, Krieg oder Bürgerkrieg versinkt. (Dies droht allerdings auch in einer M., wenn marode Unternehmen nicht verschwinden, sondern als »→ systemrelevant« gerettet werden.)

In der sozialen M. (siehe Alfred → Müller-Armack, Ludwig → Erhard) wird das Ordnungsprinzip des freien Marktes mit dem Ziel des sozialen Ausgleichs verbunden. Durch eine progressive Besteuerung werden – zumindest in der Theorie – besonders die hohen Einkommen neben den Unternehmensgewinnen (siehe aber → Steueroase) zur Finanzierung staatlicher Aufgaben herangezogen. Aus diesen Steuermitteln werden die Ausgaben des → Sozialstaats bestritten, u. a. → Transferleistungen sowie zahlreiche öffentliche Investitionen (z. B. in Bildung), die allen Bürgern die Möglichkeit der Teilhabe und des sozialen Aufstiegs geben sollen.

Marx, Karl

Deutscher Philosoph und Ökonom, * 5. 5. 1818, † 14. 3. 1883.

Durch seine ökonomischen Analysen und seine Kritik an der bürgerlichen Gesellschaft und der Religion entwickelte M. gemeinsam mit Friedrich Engels (* 1820, † 1895) das theoretische Fundament von Sozialismus und Kommunismus. Beide schrieben das 1848 erschienene »Manifest der Kommunistischen Partei«. Engels brachte nach dem Tod von M. den zweiten und dritten Band von dessen Hauptwerk »Das Kapital. Kritik der politischen Ökonomie« heraus.

Obwohl M.s Auseinandersetzung mit Georg Wilhelm Friedrich → Hegel eine durchaus kritische war, färbte dessen Dialektik auf M. ab.

Mit ihrem schematischen Dreischritt These–Antithese–Synthese stand sie Pate beim Historischen Materialismus, einer Geschichtsphilosophie, die gesellschaftlichen Wandel durch den Widerspruch von Produktivkräften und gesellschaftlichen Produktionsverhältnissen erklärt. Mit quasi-naturgesetzlicher Notwendigkeit erzeuge jede Gesellschaft notwendigerweise den Widerspruch, der schließlich zu ihrer Überwindung – einer Umgestaltung der Produktionsverhältnisse und dann auch des ideologischen Überbaus (Politik, Recht, Moral, Kultur u. a.) – führe. Der Versuch, aus dieser Geschichtsphilosophie auch die Zukunft vorauszusagen, wurde vom österreichisch-britischen Philosophen Karl Popper (* 1902, † 1994) als unwissenschaftlich und quasi-religiös kritisiert und mit dem Begriff »Historizismus« belegt. Dass die Anhänger M.s im 20. Jahrhundert statt sozialer Gleichheit und Freiheit und anderer Heilsversprechen vor allem Unfreiheit, Unrecht und Unmengen an Leichen schufen, resultiert also möglicherweise aus der Beschäftigung des jungen M. mit dem preußischen Staatsphilosophen Hegel.

Materialismus

philosophische Position, nach der alle Phänomene, auch die »geistigen«, auf Materie und ihren Gesetzmäßigkeiten basieren. Sie steht im Gegensatz zum Idealismus, der umgekehrt auch die physischen Phänomene auf Bewusstseinsinhalte zurückführt. Dazwischen steht die dualistische Position, nach der materielle und geistige Ebene nebeneinander existieren.

Die Religionskritik der Aufklärung, die bahnbrechenden Fortschritte innerhalb der Naturwissenschaften und der Einfluss mächtiger Ideologien wie Marxismus (→ Marx) und Kapitalismus haben den M. zur beherrschenden (und prägenden) Weltanschauung der → Moderne werden lassen. Der Rausch dieses Erfolgs hat jedoch manchen Materialisten vergessen lassen, dass auch der M. auf nicht-materiellen Voraussetzungen beruht – wie der (unbeweisbaren) Annahme, dass die Welt so ist, wie wir sie wahrnehmen. Auch die These »Es gibt nichts, das nicht auf Materie und ihren Gesetzmäßigkeiten beruht.« ist weder Materie, noch lässt sie sich aus deren Gesetzmäßigkeiten herleiten.

Wie jede andere Theorie oder philosophische Position lässt sich der M. also nicht aus sich selbst heraus beweisen, die Entscheidung für ihn ist eine Glaubensentscheidung. Das bedeutet nicht, dass der M. falsch sein muss. Es sollte nur jedem Materialisten bewusst sein. Denn wer nicht weiß, dass er (nur) glaubt, der glaubt zu wissen – und wird sich bald wie ein religiöser Eiferer benehmen.

Mathematik

die Sprache, in der fast die gesamte → Wirtschaftswissenschaft verfasst ist und vermittelt wird.

Eigentlich sollten die vier Grundrechenarten, ergänzt um Prozent- und Zinsrechnung sowie Statistik und Wahrscheinlichkeitsrechnung, als mathematisches Rüstzeug ausreichen, um ökonomische Vorgänge – soweit sie erkennbaren Regeln folgen – berechnen, verstehen und erklären zu können. Doch der Einsatz immer komplizierterer mathematischer → Modelle macht heute tiefgehende mathematische Kenntnisse nötig, um Thesen über ökonomische Zusammenhänge nachvollziehen oder gar hinterfragen zu können.

Doch wie jede andere Sprache kann auch die M. kein »objektives« Wiedergabeinstrument für Sachverhalte und Gedanken sein. Sie bildet nur den Rahmen für das, was man ausdrücken kann, und beeinflusst damit das Denken des Sprechers bzw. sich mitteilenden Wissenschaftlers. Mit Formeln und Diagrammen gespickte ökonomische Texte suggerieren dabei naturwissenschaftliche Exaktheit. Wirtschaftliche Entwicklungen lassen sich aber nicht vorausberechnen wie Planetenbahnen. Außerdem müssen oft starke Vereinfachungen und fragwürdige Annahmen (siehe z. B. → ceteris paribus) herhalten, um die Anzahl der Variablen innerhalb eines Modells auf ein Maß zu reduzieren, das noch zu handhaben ist. Dabei werden viele Aspekte der Realität ausgeblendet, insbesondere diejenigen, die sich nicht messen und in Formeln darstellen lassen. Das erhöht die Wahrscheinlichkeit, dass eine (im Modell) funktionierende Theorie für die Praxis irrelevant ist oder falsche Vorhersagen erzeugt.

Ein Nebeneffekt der Mathematisierung ist, dass ökonomische Lehrbücher samt der darin enthaltenen Theorien für die meisten Menschen unlesbar werden. Diese Barriere verhindert, dass wir uns mit einem Thema beschäftigen, das uns alle angeht. Während die Ökonomisierung aller Lebensbereiche von zahlreichen Kritikern zumindest als Problem erkannt und benannt wird, scheint die Mathematisierung der Ökonomie als »natürlich« oder unabwendbar hingenommen zu werden.

Metapher

rhetorisches Stilmittel, bei dem ein Phänomen durch etwas anderes, Ähnliches bezeichnet wird. Sinn einer Metapher ist es, etwas anschaulicher zu machen, manchmal aber auch zu verharmlosen (→ Euphemismus).

M. sind gefährlich! Besonders wenn sie komplizierte Zusammenhänge bildhaft darstellen, neigen sie dazu, weitere M. hervorzurufen. Aus (äußerlicher) Ähnlichkeit wird auf Gleichheit geschlossen, die Metaphern werden zum → Modell. Wer etwa vom Staat als »Körper« spricht, der wird aufkommende Probleme schnell als »Krankheiten« bezeichnen, für deren »Heilung« auch ein »Geschwür« »chirurgisch entfernt« werden müsse. Und wer von einem »Staatsschiff« spricht, wird fast automatisch dazu neigen, sich den Regierungschef als »Kapitän« oder »Steuermann« vorzustellen. Und die Staatsbürger als Schicksalsgemeinschaft, die entweder gemeinsam »rudern« oder zusammen »untergehen«. Am tückischsten sind habitualisierte M., d. h. solche, an die wir uns gewöhnt haben, sodass ihre Bildhaftigkeit kaum noch bewusst wahrgenommen wird. Etwa wenn Sie aus dem Satz »die öffentliche Hand muss kürzer treten« nur die Forderung herauslesen, dass der Staat sparen müsse, ohne sich zu fragen, wie eine Hand treten kann.

Das Gefährliche an M. ist, dass sie unser Denken beeinflussen, meist ohne dass uns dies bewusst ist. Z. B. hat es möglicherweise unsere Vorstellung von einer Volkswirtschaft beeinflusst, dass der französische Arzt François → Quesnay ein dem Blutkreislauf ähnliches Modell des Wirtschaftskreislaufs wählte. Wäre er Gärtner gewesen, würden wir vielleicht alle die Planwirtschaft für alternativlos halten.

Modell

reduziertes Abbild der Wirklichkeit. Ein M. stellt die (komplexe) Wirklichkeit in verallgemeinernder, verkürzter Form dar. Dabei werden wie bei einer zweidimensionalen Projektion eines dreidimensionalen Objekts – z. B. einer Karte, einem Foto oder einem Schattenwurf – nicht alle Eigenschaften der betrachteten Wirklichkeit erfasst, sondern nur die als relevant erachteten. In der Wissenschaft werden häufig mathematische M. verwendet.

Was bei der Modellbildung als relevant erachtet wird, kann davon abhängen, wozu das M. genutzt werden soll. So wird sich eine topographische Karte stark von einer Wanderkarte oder einer Straßenkarte derselben Region unterscheiden, ein U-Bahn-Netzplan verzichtet bewusst auf Details des Streckenverlaufs, um die Verbindungen und Knotenpunkte so übersichtlich wie möglich darzustellen. Die Entscheidung, welches die wesentlichen Eigenschaften der im M. abzubildenden Wirklichkeit sind, kann fehlerhaft sein. Der Wunsch, das M. einfach und überschaubar zu halten, kann zum Ausblenden wesentlicher Merkmale oder Zusammenhänge führen. Und wenn die Grundannahmen einer wissenschaftlichen Theorie die Modellbildung beeinflussen, kann es sein, dass das ein M. nur Resultate liefert, die die Theorie

zu bestätigen scheinen. In der Wirtschaftswissenschaft sind z. B. die M. des vollkommenen → Marktes und des → Homo oeconomicus starke Abstraktionen der Wirklichkeit.

Wie ein Bild eine optische Täuschung sein kann, kann auch ein M. ein falsches Abbild der Wirklichkeit liefern. Fehler in wirtschaftswissenschaftlichen M. führen aber oft dazu, dass Unternehmensführer und Politiker Entscheidungen treffen, die sich dann in der Praxis als falsch erweisen. Leider kommen wir aber nicht ohne M. aus. Denn schon die Sprache ist ein M., mit dem wir die Wirklichkeit reduziert erfassen – was »Schubladendenken« fördert und uns manchmal wichtige Details und Zusammenhänge übersehen lässt. Nicht nur → Metaphern laufen Gefahr, einen Sachverhalt mit der Darstellung zugleich zu interpretieren. Auch scheinbar harmlose Begriffe wie »Arbeitsloser«, »Handwerksbetrieb«, »Gift«, »Fußballfan« oder »Raubtier« ordnen die Wirklichkeit, indem sie eine Reihe von Phänomenen aufgrund eines gemeinsamen Merkmals zusammenfassen und dabei implizit andere Merkmale als vernachlässigbar einstufen.

Moderne

geistesgeschichtliche Epoche (ca. 1800 bis ca. 1950), die auf die → Aufklärung folgte.

Die M. führte einerseits die Ideale und Methoden der Aufklärung fort und steigerte deren Optimismus zu einem beinahe religiösen Fortschrittsglauben. Die rationale Kritik an allen Normen und Autoritäten stellte jedoch auch die humanitären Werte und Ziele der Aufklärung selbst zur Disposition. War die Aufklärung vom Individuum ausgegangen und hatte jedem Menschen ein von Natur aus zustehendes Recht und die Freiheit zuerkannt, rückte in der M. – nicht zuletzt durch den Einfluss Georg Wilhelm Friedrich → Hegels – die Horde in den Mittelpunkt der Betrachtung. Die großen Ideologien des 19. Jahrhunderts, allen voran Nationalismus und Kommunismus, dachten daher in Rassen, Klassen und anderen Massen, während sie dem Einzelnen keine essentielle Bedeutung beimaßen.

Der Enthusiasmus der Aufklärung für eine menschenwürdige Welt wich einem großen, manchmal größenwahnsinnigen Gestaltungswillen, der nicht eine Veränderung des Bestehenden, sondern eine radikale Neuschaffung anstrebte. Anstelle moralischer Motive traten ästhetische. Die großen ideologischen Entwürfe der M. dienten also nicht mehr dem Wohl der Menschen, sondern befriedigten das Bedürfnis ihrer Schöpfer nach Universalität, Gleichförmigkeit und Reinheit. Ordnung und Perfektion wurden in der M. zum Selbstzweck. Hatte die Aufklärung an die Mündigkeit des Menschen geglaubt, wollte die M. die Menschen jetzt und für alle Zukunft in einer fehlerlosen, die Freiheit zu Fehlern abschaffenden Welt einhegen.

Die Erkenntnis, dass die M. zwar die Autoritäten, Werte und Welterklärungsmodelle kritisierte, aber keine neuen schuf, die vor dem »Richterstuhl der Vernunft« bestehen konnten, führte zum Nihilismus. Auf die M. folgte die Postmoderne. Sie gab den Anspruch auf, eine auf einem Prinzip (z. B. Gott, Vernunft) basierende Welterklärung zu liefern. Sie verzichtete auf große Entwürfe und absolute Wahrheiten (»anything goes« – »alles ist erlaubt«) und trat daher deutlich entspannter auf. Postmoderne Kunst oder Architektur musste nicht mehr alles neu erfinden, sie konnte Überliefertes (Motive, Formen, Traditionen) spielerisch zitieren.

Vertreter der M. warfen daher der Postmoderne einen Rückfall in vormoderne Zeiten vor. Tatsächlich wurden Tradition und Aufklärung, an denen sich die Moderne zumindest noch abgearbeitet hatte, erst durch ihre Degradierung zu Objekten postmoderner Spielereien endgültig überwunden.

Monopol

Marktsituation, bei dem es für ein ökonomisches Gut nur einen Anbieter, aber viele Nachfrager gibt. Die umgekehrte Situation mit vielen Anbietern und nur einem Nachfrager nennt man Monopson.

Allgemein werden M. als negativ und unsozial eingestuft, weil der monopolistische Anbieter (Monopolist) seine Marktmacht nutzen kann, um gegenüber den Kunden höhere Preise durchzusetzen, als sich bei vollständiger Konkurrenz (vollkommener → Markt) ergeben hätten. Dies trifft sicher zu für viele M., die durch staatliche Privilegien geschaffen wurden oder durch profitorientierte Verdrängung aller Konkurrenten durch einen Anbieter entstanden sind.

Doch nicht jedes M. dient der Bereicherung des Monopolisten auf Kosten seiner Kunden. Im Bereich der Grundversorgung (z. B. mit Energie, Personen- und Gütertransport, Post und Telekommunikation) können M. durchaus sinnvoll sein. So wird ein (Gebiets-)Monopolist deutlich mehr in ein Leitungs- oder Schienennetz investieren als eine Gruppe konkurrierender Anbieter, die sich dieses Netz teilen – so dass jede Investition auch den Konkurrenten zugutekäme. Auch kann ein staatliches Monopol an die Bedingung geknüpft werden, dass der Monopolist mit seinen Gewinnen aus einem Bereich einen anderen finanziert. Sogar die Nutzung natürlicher Ressourcen und insbesondere nachwachsender Rohstoffe kann durch Zuweisung von Abbaumonopolen effizienter werden. Denn frei verfügbare Ressourcen werden oft ausgebeutet, weil jeder sich noch ein Stück vom Kuchen sichern will, solange noch etwas da ist (»Problem der Allmende«).

Die »Liberalisierungen« zentraler Bereiche der Grundversorgung in den letzten Jahrzehnten haben dazu geführt, dass neue Anbieter »Rosinenpickerei« betrieben und sich auf die gewinnträchtigen Ballungsräume gestürzt haben, während das Angebot in der Fläche ausgedünnt wurde. Dadurch ausgelöste Preiskämpfe hatten zum Teil Qualitätseinbußen zur Folge; auch verhinderten sie weitere Investitionen. Und da sich Versorgermärkten nach Aufhebung der M. in der Regel kein vollkommener → Markt mit vielen kleinen Anbietern, sondern ein Oligopol entwickelt, sorgt keine unsichtbare → Hand für Effizienz, sondern die Preisbildung erfolgt nach den nur schwer vorhersehbaren Regeln der → Spieltheorie. Eine der bislang drastischsten Folgen war die Stromkrise in Kalifornien 2001 (knapp fünf Jahre nach der »Liberalisierung«) – mit stundenlangen Blackouts über Monate hinweg und anschließend deutlicher Strompreiserhöhung.

Die Dynamik des Internets führt offenbar regelmäßig zur Bildung von – zunächst scheinbar kundenfreundlichen, auf lange Sicht aber unsozialen – Monopolen (→ Netzwerkeffekt).

moralisieren

die Diskussion über ein Thema mit moralischen Begriffen aufladen. Der Effekt ist ähnlich wie bei der → Emotionalisierung, wobei aber nicht so sehr Angst erzeugt wird, sondern der Wunsch, auf der moralisch richtigen Seite zu stehen, während man der Gegenseite die skrupellose Verfolgung eigener → Interessen unterstellt. Im Endstadium einer erfolgreichen Moralisierungskampagne sind alle von der eigenen Position abweichenden Meinungen und das Nachdenken über Alternativen mit Tabus belegt.

Müller-Armack, Alfred

deutscher Nationalökonom,
* 28. 6. 1901, † 16. 3. 1978.

Aufbauend auf dem u. a. von Walter → Eucken vertretenen Ordoliberalismus entwickelte M.-A. das Konzept der sozialen Marktwirtschaft. Er verwendete in seinem 1947 erschienenen Werk »Wirtschaftsordnung und Marktwirtschaft« erstmals auch den Begriff »soziale Marktwirtschaft« und hatte maßgeblichen Einfluss auf Ludwig → Erhard, der dieses Konzept in der Bundesrepublik schließlich praktisch umsetzte.

Mundell, Robert Alexander

kanadischer Ökonom,
* 24. 10. 1932.

M. gilt wegen seiner Arbeiten über Währungsräume als »Vater des Euro«. Sollte der Euro noch zu M.s Lebzeiten scheitern und Europa in eine Existenzkrise stürzen, wird sich M. immer noch mit seinem 1999 erhaltenen → Nobelpreis für Wirtschaftswissenschaften trösten können. Und mit seinen Kanadischen Dollars natürlich.

Nachhaltigkeit

sehr altes, durch die Umweltpolitik wiederentdecktes Prinzip, das heutige Handeln an der Bewahrung der Existenzgrundlagen des Systems auszurichten.

Besondere Bedeutung hat N. in der Ökologie. Hier führt sie zu Forderungen, erneuerbare Ressourcen (z. B. die Fische der Weltmeere) nur in dem Maße zu nutzen, wie ihr Bestand erhalten bleibt. Nicht erneuerbare Rohstoffe sollten möglichst wenig verbraucht und weitgehend durch Recycling zurückgewonnen werden. Auch eine möglichst lange Gebrauchsdauer von Gebäuden und Produkten ist im Sinne der N. Allerdings steht N. oft im Gegensatz zu den Profitinteressen der Produzenten (siehe geplante → Obsoleszenz).

Überträgt man das Prinzip der N. auf weitere Politikbereiche, lässt sich aus ihr z. B. die Forderung nach einer Haushaltspolitik ableiten, die das Begleichen von Schulden nicht auf künftige Generationen abwälzt. Auch eine vorausschauende Bildungs- und Wissenschaftspolitik

oder ausreichende Investitionen in die Infrastruktur sind im Sinne der N. – oder sollte man sagen: »wären«?

In der Forstwirtschaft wurde N. bereits im ausgehenden Mittelalter praktiziert und zu Beginn des 18. Jahrhunderts auch als Prinzip formuliert. Aufgrund soziokultureller Vorbehalte vieler Umweltschützer wird diese Vorreiterrolle der Forstwirtschaft allerdings eher selten gewürdigt.

Neid

das Begehren nach dem (materiellen oder immateriellen) Besitz eines anderen bzw. nach einem mindestens gleichwertigen Besitz oder Erfolg.

Theoretisch kann N., sollte er gepaart mit der Anerkennung für den Beneideten und seine Leistung sein, eine positive Wirkung haben: als Ansporn, sich den Beneideten als Vorbild zu nehmen. Oder er kann zum Eintreten für eine gerechtere Gesellschaft führen, in der die geneideten Güter (oder zumindest die Chancen, sie zu erlangen) gleichmäßiger verteilt sind.

In der Realität ist N. allerdings meist destruktiv und selbstzerstörerisch, weil er mit Missgunst verbunden ist. Missgunst, die destruktive Seite des N., führt oft zu Schadenfreude, übler Nachrede und Hass. Oft nimmt der Missgünstige sogar eigene Nachteile in Kauf, wenn nur der Beneidete geschädigt wird. Da N. und Missgunst nicht offen gezeigt werden, weil dies ein Eingeständnis der eigenen Unterlegenheit wäre, bemänteln sie sich oft als »Moral« oder »Gerechtigkeit«. So wie die → Gier sich argumentativ der Freiheit bedient, um Gleichheit zu zerstören, nimmt der N. Gleichheit zum Vorwand, um Freiheit zu zerstören.

Neoklassische Theorie

auch Neoklassik, im 19. Jahrhundert entwickelte volkswirtschaftliche Theorie. Sie entstand auf Basis der Grenznutzenschule (siehe → Grenznutzen, → Arbeitswerttheorie) und glaubt an den Markt (siehe unsichtbare → Hand) als den besten Mechanismus der Allokation (Verteilung, Zuweisung). Zentrale Bestandteile neoklassischer Modelle sind der vollkommene → Markt und der → Homo oeconomicus.

In den 1930er-Jahren geriet die N. T. in die Kritik, da ihre Schwachpunkte angesichts der Weltwirtschaftskrise nicht mehr wegzuleugnen waren. Nachdem spätestens seit den 1970er-Jahren auch der → Keynesianismus entzaubert war, erlebten neoklassische Ideen im Rahmen des von Milton Friedman (* 1912, † 2006) entwickelten Monetarismus eine wissenschaftliche und politische (u. a. »Reaganomics«, »Thatcheris-

mus«) Renaissance. Auch der Monetarismus, der außer einer Geldmengensteuerung durch die Zentralbank staatliche Eingriffe ins Wirtschaftsgeschehen weitgehend ablehnt, ist angesichts der Finanz- und → Eurokrise alles andere als unumstritten. Ein erster Schritt zu einem erfolgreichen Umsteuern wäre die Einsicht von Ökonomen, Politikern, Zentralbankern, Journalisten und Bürgern, dass es sich bei den neoklassischen Glaubenssätzen nicht um Naturgesetze, sondern nur um Thesen innerhalb einer Theorie handelt. Thesen können richtig oder falsch sein.

Neoliberalismus

ursprünglich Bezeichnung für eine Reihe wirtschaftspolitischer Konzepte, die einen »dritten Weg« zwischen Kapitalismus und Kommunismus beschreiten wollten. Hierzu zählte u. a. der Ordoliberalismus der Freiburger Schule, auf dem auch die soziale → Marktwirtschaft aufbaut. Der Ordoliberalismus entwirft das Konzept für eine Marktwirtschaft innerhalb eines staatlich gesetzten Rahmens, hat also nichts gemein mit dem schrankenlosen Kapitalismus, gegen den heute »N.« als Kampfbegriff genutzt wird.

Ähnlich wie → Manchesterkapitalismus wurde »N.« zu einem Schmähwort für einen besonders menschenverachtenden Kapitalismus, obwohl er die Marktwirtschaft in die soziale Ordnung einbinden wollte. Wer immer für diese Begriffsumdeutungen verantwortlich ist, suggeriert damit, dass uns nur eine Entweder-oder-Entscheidung zwischen kapitalistischer Ausbeutung und kommunistischer Diktatur bleibt. Humanere Alternativen werden durch diffamierende Neudefinition ihres Namens aus der Diskussion gekegelt.

Netzwerkeffekt

Bezeichnung für das Phänomen, dass in elektronischen Netzwerken die Nutzerzahl einer positiven Rückkoppelung unterliegt. Eine große Anzahl von Teilnehmern lässt das Netzwerk für weitere Nutzer attraktiv werden und weiter wachsen. Auf den zentralen Internetmärkten bilden sich auf diese Weise Monopolisten mit fast unbegrenzter ökonomischer Macht.

In der »klassischen« Marktwirtschaft führt das Auftreten neuer Anbieter dazu, dass die Konkurrenz auf der Anbieterseite größer (und damit ungemütlicher) wird – was die Nachfrager freut, da das Angebot besser und vielfältiger wird und/oder die Preise sinken. Kommen dagegen neue Nachfrager hinzu, steigert das die Marktmacht der Anbieter, die dann oft höhere Preise durchsetzen können. In beiden Fällen wird ein neues Marktgleichgewicht entstehen (möglicherweise haben im ersten Fall einige Unternehmen, im zweiten einige Kunden den Markt verlassen).

Bei Handelsplattformen im Internet dagegen ist Größe der entscheidende Faktor: Je mehr Teilnehmer ein Netzwerk hat, desto attraktiver wird es für weitere Teilnehmer, in dieses Netzwerk zu wechseln. Unternehmen sind darauf angewiesen, dort anzubieten, wo die meisten Kunden suchen, und Kunden suchen dort, wo das Angebot am reichhaltigsten ist. Die Plattform kann den Anbietern die Bedingungen diktieren und so einen Großteil der Gewinne abschöpfen. Ihren Gewinn muss die Internetplattform so lange in Wachstum und Kundenfreundlichkeit investieren, bis alle Konkurrenten verdrängt sind – und sie endlich machen kann, was sie will.

Den N. könnte nur politische Regulierung stoppen. Eine solche findet aber im demokratischen Teil der Welt kaum statt – anfangs aus Unkenntnis, politischem Desinteresse und einem naiven Glauben an → Laissez-faire, inzwischen aber auch, weil die Internet-Monopolisten mächtig genug sind, sich Gesetzen zu entziehen. Der deutsche Journalist und Publizist Christoph Keese fasst es in seinem lesenswerten Buch »Silicon Valley« so zusammen, dass durch den N. → Freiheit zur Entstehung von Monopolen führe, die wiederum die Freiheit einschränken.

Niedrigzinspolitik

schleichende Enteignung der Sparer durch Festlegung niedriger Zinssätze seitens der Zentralbank (→ Finanzrepression).

N-Kurven-Effekt

Beschreibung des typischen Kurvenverlaufs, wenn nicht die Ursachen einer unerwünschten Entwicklung, sondern nur deren Symptome bekämpft werden. Das betrachtete Phänomen nimmt zunächst zu (steigende Kurve), bevor es durch Symptombekämpfung abnimmt (rasch fallende Kurve). Weil die Ursache nicht beseitigt ist, steigt die Kurve aber nach einiger Zeit erneut an.

Wenn Sie beispielsweise auf einen stetig zunehmenden Schuldenstand mit dem Verkauf Ihres Tafelsilbers reagieren, ihre Einnahmen- und Ausgabensituation aber ansonsten nicht verbessern, wird Ihre Verschuldung bald wieder steigen. Ähnlich wird es einem Staat ergehen, der steigende Arbeitslosigkeit durch massenhafte Anstellungen im öffentlichen Dienst »bekämpft«. Selbstverständlich kann eine Kurve im Falle fortwährender Symptombekämpfung auch mehrere »N-Phasen« durchlaufen – bis Sie kein Tafelsilber mehr verkaufen können bzw. der Staat ökonomisch zusammenbricht.

Diesen Effekt beschrieb Martin Jänicke 1979 – zu einer Zeit also, als die Entzauberung des → Keynesianismus bereits erkennbar war – in seinem Buch »Wie das Industriesystem von seinen Mißständen profitiert. Kosten und Nutzen technokratischer Symptombekämpfung: Umweltschutz, Gesundheitswesen, innere Sicherheit«. Er beschrieb »bürokratisch-industrielle Komplexe« aus öffentlicher Hand und Industriezweigen, die zunehmend von Staatsaufträgen lebten. In einer engen Symbiose profitierten beide Seiten davon, die Probleme nur kurzfristig zu »lösen«: Die Handelnden innerhalb des Staatsapparats verfügten über einen dauerhaft hohen Etat (und damit über → Macht), die beteiligten Unternehmen lebten von diesem Etat. Dadurch hätten sie mit »klassischen« Unternehmen, die ihre Umsätze auf dem freien Markt erwirtschaften, nur noch wenig gemeinsam – am wenigsten das Interesse an einem freien Markt.

Solange wir Bürger je nach eigener ideologischer Prägung immer nur entweder das Fehlverhalten des Staates oder der Unternehmen für die Misere verantwortlich machen, werden wir uns im politischen Kampf gegenseitig neutralisieren (→ Divide et impera) und das Übel nicht an der Wurzeln packen.

Nobelpreis für Wirtschaftswissenschaften

eigentlich »Preis der Schwedischen Reichsbank in Wirtschaftswissenschaften in Erinnerung an Alfred Nobel« (schwedisch: Sveriges Riksbanks pris i ekonomisk vetenskap till Alfred Nobels minne) – kein wirklicher Nobelpreis, sondern ein Nobel-Gedenkpreis.

Anders als die fünf von Alfred Nobel (* 1833, † 1896) gestifteten und seit 1901 verliehenen Preise für Physik, Chemie, Physiologie oder Medizin, Literatur und Frieden wurde der »N. f. W.« erst später von der Schwedischen Reichsbank gestiftet und erstmals 1969 verliehen. Sind naturwissenschaftliche Theorien und Erkenntnisse vor ihrer Prämierung mit einem Nobelpreis meist schon durch umfangreiche Experimente erhärtet und in der Praxis erfolgreich angewendet worden, wird der »N. f. W.« mitunter für Modetheorien vergeben, deren Bestätigung oder Widerlegung noch aussteht. Bis dahin stehen wir Menschen als Versuchslabor für ambitionierte Wirtschaftstheorien zur Verfügung, erleiden den Verlust von Geldanlagen (→ Long-Term Capital Management), werden unserer ökologischen Lebensgrundlagen enteignet (→ Coase-Theorem) oder versinken in der → Eurokrise (Robert → Mundell). Für den Fortschritt der Wissenschaft ist bekanntlich kein Preis zu hoch.

nominal

Bezeichnung für Größen bzw. die Veränderung von Größen, die als absoluter Wert angegeben sind, z. B. als Preis in einer bestimmten Währung, ohne Berücksichtigung der Entwicklung des Preisniveaus (→ Inflation oder → Deflation).

Steigt das Einkommen eines Arbeitnehmers in einem Jahr um 2 % oder wird ein Sparguthaben mit 2 % verzinst, so handelt es sich um einen n. Geldzuwachs. Ein → realer Anstieg wäre es nur dann, wenn im gleichen Jahr die Inflationsrate unter 2 % gelegen hätte. Bei Zinsen unterhalb der Inflationsrate nimmt die Kaufkraft des angelegten Geldes trotz n. Zuwachses also real ab (→ Finanzrepression).

Nullsummenspiel

Ein Spiel, bei dem die Summe der Gewinne und der Verluste aller Mitspieler gleich null ist. Für jeden Gewinn, den jemand erzielt, erleiden also andere einen Verlust in gleicher Höhe. Wer in der Logik des N. gefangen ist, denkt nur in Kategorien wie »Gewinnen« und »Verlieren«. Im ständigen Bemühen, andere zu besiegen, übersieht er Möglichkeiten, durch kooperatives Verhalten zu einer besseren Lösung für alle Beteiligten zu gelangen (siehe → Gefangenendilemma).

Eine Wirtschaft zum Nutzen der Menschen funktioniert nach der Logik des Nicht-N.: Arbeitsteilung und Tauschhandel entfalten sich gerade deshalb, weil sie einen Mehrwert schaffen und so, eine gerechte Verteilung vorausgesetzt, den Wohlstand aller Beteiligten mehren können. Die Börse – zumindest, wenn sie als Casino zur Erzielung schneller Spekulationsgewinne genutzt wird – funktioniert dagegen nach den Gesetzen des N.: Schnelle Gewinne sind nur durch schnelle Verluste anderer in gleicher Höhe möglich. Diese »anderen« sind nicht notwendigerweise ebenfalls Spekulanten. Wer → Altersvorsorge betreibt oder sich versichert, kann unwissentlich von Spekulationsverlusten seiner → Bank oder → Versicherung betroffen sein. Und je mehr Macht die Börse besitzt, der Realwirtschaft ihre Regeln aufzuzwingen, desto stärker fließen auch deren Gewinne (die Früchte der Kooperation im Nicht-N.) an die Finanzjongleure ab.

Aus Sicht der Beteiligten kann auch eine Bereicherung zu Lasten Dritter ein lukratives Nicht-N. sein. Dies ist etwa bei einer Kartellbildung der Fall, wenn die (meist wenigen, großen) Anbieter auf einem Markt eine Beschränkung des Wettbewerbs vereinbaren, um zu Lasten der Kunden höhere Gewinne als bei vollständiger Konkurrenz (siehe vollkommener → Markt) zu erzielen.

Nutzenmaximierung

der heilige Gral des → Utilitarismus und die ständige Beschäftigung des Fabelwesens → Homo oeconomicus.

Wir alle haben eine Vorstellung davon, was Nutzen ist, deshalb klingt die Behauptung, dass jeder einen möglichst großen Nutzen erstrebe, auch einleuchtend. Der tschechische Ökonom Tomáš Sedláček wollte es genauer wissen und unternahm den Versuch, »Nutzen« zu definieren (in »Die Ökonomie von Gut und Böse«, 2009, Kapitel 8). Er stieß dabei auf eine Tautologie (Zirkelschluss). Weil jeder eine individuelle Vorstellung von Nutzen habe, bedeute das Streben nach Nutzensteigerung nichts anderes, als dass der Einzelne mache, was er wolle.

Manche Menschen sparen viel Geld, weil ihnen das ein Gefühl von Sicherheit gibt; andere kaufen sich dafür Luxus, Macht oder Freizeit, weil sie genau das wünschen. Wieder andere spenden Geld, weil sie helfen oder ihr Gewissen erleichtern wollen. All diese Verhaltensweisen kann man im Nachhinein mit dem Streben nach N. erklären. Das Prinzip der N. sagt also nicht mehr aus, als dass jeder das getan hat, was er tun wollte. So kann Handeln nachträglich begründet, aber nicht vorhergesagt werden. Kurz: Das Prinzip ist wahr, aber nichtssagend.

Nutzungslizenz

die dem Lizenznehmer eingeräumte Erlaubnis, ein gewerbliches Schutzrecht (geistiges Eigentum) des Lizenzgebers zu nutzen. Das Nutzungsrecht kann gegen Entgelt oder unentgeltlich (z. B. bei freier Software) eingeräumt werden.

Im Gegensatz zum Kaufvertrag wird beim Lizenzvertrag kein Eigentumsrecht übertragen. Das Nutzungsrecht kann daher, anders als beim Kauf, eingeschränkt werden – z. B. durch eine zeitliche Begrenzung oder durch das Verbot des Weiter-»Verkaufs«. Gestärkt wird die Position des Lizenzgebers auch dadurch, dass der Erwerber das Produkt (z. B. Software, Musik, E-Books) nicht mehr in physischer Form, z. B. auf einer DVD, erhält, was die Nutzung unabhängig vom Anbieter erschwert oder gar unmöglich macht.

Auch Hersteller physischer Produkte bemühen sich schon lange, die Nutzung zu begrenzen, etwa bei geplanter → Obsoleszenz technischer Geräte oder bei nicht samenfestem Saatgut. Der logisch letzte Schritt eines Wirtschafts- und Finanzsystems, das dem Einzelnen immer nur begrenzte Nutzungsrechte, aber keinen Eigentumserwerb mehr zugesteht, ist die Abschaffung des Bargeldes (→ Geld).

Ein kleiner Lichtblick für die Nutzer: In einem Urteil vom 3. 7. 2012 hat der Europäische Gerichtshof zugunsten einer Weiterveräußerung »gebrauchter« Softwarelizenzen entschieden.

Obsoleszenz, geplante

absichtliche Verringerung der Lebensdauer eines Produkts durch den Hersteller. Dies kann auf unterschiedlichen Wegen geschehen: a) regelmäßige Änderungen des Designs (ggf. verbunden mit nur geringen technischen Weiterentwicklungen), die das »alte« Modell schnell aus der Mode kommen lassen; b) Reduzierung bzw. Verteuerung des technischen Supports oder Einstellung der Produktion von Ersatzteilen für ältere Varianten des Produkts; c) Verwendung minderwertiger Materialien, um die Haltbarkeit und Dauer der Nutzbarkeit des Produktes zu verringern.

Wann genau g. O. vorliegt, ist umstritten. Hersteller geben selbstverständlich nicht freiwillig zu, absichtlich zum Nachteil ihrer Kunden Produkte minderer Qualität auf den Markt zu bringen. Die Einstellung der Produktion von Ersatzteilen älterer Modelle kann tatsächlich aus Kostengründen erfolgen und der Einsatz günstigerer Materialien und Bauteile dem Preiskampf geschuldet sein. Auch ist die g. O. in der Praxis nicht immer leicht von der Sollbruchstelle, die der Sicherheit des Produktes dient, zu unterscheiden.

Was wir als Kunden gegen g. O. tun könnten? Moden ignorieren. Hersteller, die nach vollzogenem Kauf alle unsere Fragen und Beschwerden an einer unpersönlichen Hotline abprallen lassen, in Zukunft meiden. Pannenstatistiken wie im Automobilbereich auch bei anderen Produkten führen und dann bei der Kaufentscheidung berücksichtigen, statt nur auf den Preis zu schauen.

Ordoliberalismus

Konzept einer Wirtschaftsordnung, die sowohl die Fehler staatlicher Lenkung der Wirtschaft als auch die des → Laissez-faire vermeiden will, siehe → Neoliberalismus.

Paradigmenwechsel

auf den amerikanischen Wissenschaftsphilosophen Thomas S. Kuhn (* 1922, † 1996) zurückgehender Begriff, der den Wandel von Lehrmeinungen bzw. Weltanschauungen (»Paradigmen«) in der Wissenschaft beschreibt.

Dem in der Wissenschaft verbreiteten Optimismus, im Besitz der Wahrheit zu sein oder zumindest über Methoden zu verfügen, mit der sich prinzipiell die Wahrheit herausfinden lasse, hatte schon der Philosoph Karl Popper (* 1902, † 1994) einen herben Dämpfer versetzt. Nach Poppers Kritischem Empirismus (Falsifikationismus) lässt sich die Wahrheit einer wissenschaftlichen Hypothese niemals beweisen; sie lässt sich jedoch widerlegen (falsifizieren). Wir können uns also niemals sicher sein, die Wahrheit zu kennen, können uns aber immerhin durch ein rationales Versuch-und-Irrtum-Verfahren immer weiter der Wahrheit annähern, indem wir widerlegte Annahmen durch bessere, (noch) nicht widerlegte, ersetzen.

In seinem Werk »Die Struktur wissenschaftlicher Revolutionen« (1962) entlarvte Kuhn auch eine solche Annäherung an die Wahrheit als Illusion. Danach forschen Wissenschaftler geleitet von einem Paradigma – ihrem Weltbild bzw. ihrer wissenschaftlichen Schule. Innerhalb dieses Paradigmas arbeiten sie durchaus rational, überprüfen Hypothesen und ersetzen sie im Falle ihrer Widerlegung durch andere. Ihr Paradigma selbst stellen sie jedoch nicht in Frage. Da verschiedene Schulen ganz unterschiedliche Perspektiven und Fragestellungen entwickeln, sind die Begriffe einer wissenschaftlichen Theorie oft nicht in eine andere zu übersetzen (Inkommensurabilität). Es gibt also nicht die eine, ständig fortschreitende Wissenschaft, sondern nebeneinander forschende Denkschulen, die – wenn sie sich überhaupt austauschen – oft aneinander vorbeireden.

Als P. bezeichnet Kuhn den Übergang von einem Paradigma zu einem anderen. Beim einzelnen Wissenschaftler geschieht sie oft nicht aufgrund rationaler Überlegungen. Sie hat eher Züge einer religiösen Bekehrung. Das neue Paradigma setzt sich nicht unbedingt deshalb durch, weil es besser ist als das alte, sondern weil es mehr Aufmerksamkeit und Forschungsgelder erhält und neue Forschungsstellen die junge Wissenschaftlergeneration anlocken. Das alte Paradigma verschwindet nicht, weil alle ihre Anhänger überzeugt werden, sondern es stirbt im wahrsten Wortsinne aus, weil dessen Vertreter aus Altersgründen nach und nach aus dem Wissenschaftsbetrieb ausscheiden.

Auch in politischen Debatten ist zu beobachten, wie Anhänger unterschiedlicher gesellschaftlicher Paradigmen aneinander vorbeireden. Sie verzweifeln bei dem Versuch, sich gegenseitig zu überzeugen, und vermuten deshalb beim jeweils anderen Dummheit oder Bösartigkeit, weil dieser solch einfache Wahrheiten nicht erkennt (erkennen will?). Wer das Spiel durchschaut hat, versucht in der öffentlichen Diskussion nicht, seine Gegner zu überzeugen, sondern sie mit rhetorischen Tricks bloßzustellen und dadurch die Anhänger des eigenen Paradigmas hinter sich zu scharen – was sowieso besser über ein gemeinsames Feindbild funktioniert als durch überzeugende Argumente – und neue hinzuzugewinnen.

Pareto, Vilfredo

italienischer Ökonom,
* 15. 7. 1848, † 19. 8. 1923.

Durch die Entdeckung des Pareto-Prinzips, das besagt, dass man mit 20 % Aufwand 80 % Ergebnis erzielen kann, wurde P. zum heimlichen Schutzheiligen aller, die neben Schule, Studium oder Beruf noch ein Privatleben behalten wollen. (Hinweis an alle Streber und Perfektionisten: Für die fehlenden 20 % des Ergebnisses muss man 80 % Aufwand betreiben.)

Das ebenfalls auf P. zurückgehende P.-Optimum, auch p.-effizienter Zustand, beschreibt einen Zustand, in dem sich kein Parameter mehr verbessern lässt, ohne dass ein anderer dafür verschlechtert wird. Gibt es etwa zwei Haushalte, von denen der eine zwei Brote besitzt, der andere zwei Schinken, dann wäre dieser Zustand nicht p.-effizient, sofern beide gerne zum Abendessen Schinkenbrot hätten. Denn durch einen Tausch (ein Brot gegen einen Schinken) können beide ihre Situation verbessern. Wenn danach niemand mehr freiwillig tauschen will, ist das P.-Optimum erreicht.

Eine Verteilung von Gütern ist also p.-effizient, wenn es keinen Tausch mehr gibt, der von allen Beteiligten freiwillig vollzogen würde. Weil Effizienz allein aber nicht zielführend ist (siehe → Effektivität), ist das keine Garantie für soziale Gerechtigkeit: Auch die extrem ungleiche Verteilung – einer hat alles und alle anderen haben nichts – ist p.-effizient. Das im freien Spiel der Kräfte erreichbare Gleichgewicht ist deshalb nicht immer ein sozial erwünschtes. Diese von Anhängern des → Laissez-faire ignorierte Erkenntnis stand die bei der Entwicklung der sozialen Marktwirtschaft Pate.

Parlament

Volksvertretung und Inhaber der legislativen (gesetzgebenden) Gewalt in einer repräsentativen Demokratie. Sofern es in einem Staat keine direkte Demokratie – Abstimmungen zu Sachfragen – gibt, ist die Zusammensetzung des P. immer noch die beste Abbildung der Mehrheitsverhältnisse in der Bevölkerung.

Die Macht des P. wird allerdings in unserer Zeit beschnitten, was die → Demokratie unterhöhlt:

1.) Die Ausgliederung umstrittener Themen in außerparlamentarische Kommissionen, deren Zusammensetzung aus Parteien, Interessengruppen, Verbänden, Kirchen usw. durch Wahlen nicht mehr veränderbar ist. Ein Beispiel in Deutschland ist der 2001 gegründete Nationale Ethikrat (heute Deutscher Ethikrat). Auch die in Nordrhein-Westfalen (Stand 2015) geplante Überführung etwa der Hälfte des Staatswaldes in eine Stiftung fällt in diese Kategorie. Denn dadurch wäre dem P. (und somit dem durch Wahlen artikulierbaren Mehrheitswillen) die Verfügungsmacht entzogen.

2.) Die Vermischung der Kompetenzen verwischt auch die Zuständigkeiten, so dass jeder Schuld auf einen anderen abwälzen kann. Dies kann zwischen mehreren Ebenen geschehen, z. B. in Deutschland zwischen Bund und Ländern, weil etwa der Bundesrat, die Ländervertretung, oft parteipolitisch als Blockadeinstrument genutzt wird. Aber auch zwischen Gemeinwesen gleicher Ebene, wenn z. B. »dank« der Kultusministerkonferenz jede Landesregierung eine Ausrede für ihre desaströse Schulpolitik hat. Eine weitere gefährliche Entwicklung ist die Aufweichung des → Budgetrechts durch erzwungene Finanztransfers zwischen den Gemeinwesen – schon länger praktiziert zwischen Bundesländern (Länderfinanzausgleich), neuerdings auch zwischen EU-Staaten (»Euro-Rettung«) und Kommunen (»Kommunal-Soli«, siehe → Euphemismus). In allen Fällen müssen Bürger mit ihren Steuern für die Schulden anderer Gemeinwesen einstehen, deren Politik sie weder gewählt haben noch durch künftige Wahlen ändern können.

3.) Die Verschiebung legislativer Macht an die Exekutive. So werden in der EU wichtige Entscheidungen nicht im Europäischen Parlament getroffen, sondern in Konferenzen der Regierungschefs oder Fachminister (Europäischer Rat bzw. Rat der EU). Die anschließende Zustimmung der nationalen Parlamente erfolgt unter dem Druck, dass eine Ablehnung das Land isolieren würde.

4.) Die Macht der Parteien, die über die Parlamentarier aus ihren Reihen wie über Eigentum verfügen. In der Theorie vertritt ein Abgeordneter vom Augenblick seiner Wahl an das gesamte Volk (siehe aber → Volksvertreter, → Lobbyismus) und ist nur noch seinem Gewissen verpflichtet (Art. 38 GG), nicht dem Willen von Parteifunktionären oder Parteitagsbeschlüssen. Dem steht seine oft auch wirtschaftliche Abhängigkeit von der Partei entgegen, die darin gründet, dass die von den Parteien festgelegten Listenplätze einen viel größeren Einfluss auf die Chancen eines Kandidaten auf den Einzug ins P. besitzen als das Wahlergebnis. Und dass immer mehr Abgeordnete ins Parlament einziehen, ohne je in einem anderen Beruf gearbeitet zu haben (Schlagwort: »Kreißsaal–Hörsaal–Plenarsaal«), in den sie notfalls zurückkehren könnten.

Patentrecht

sinnvoll, wenn es Forschung und Entwicklung fördert, indem es Erfindern ermöglicht, die ökonomischen Früchte ihrer Erfindung eine Zeitlang alleine zu ernten; schädlich, wenn es von Konzernen zur Unterdrückung von Neuentwicklung und zur Schädigung von Konkurrenten durch teure Gerichtsverfahren missbraucht werden kann; fatal, wenn es sich auf Lebewesen erstreckt, die kein Mensch erfunden, sondern lediglich ihr (der Natur gratis entnommenes) Erbgut katalogisiert und ggf. manipuliert hat.

Perfektion

Fehlerlosigkeit. Während das Bestreben, immer (noch) besser zu werden, als Antrieb zum Umdenken und Quelle von Innovationen sehr produktiv sein kann, ist das Streben nach P. destruktiv, weil seine Triebfeder die Angst vor Fehlern ist.

Konservativer Perfektionismus ist destruktiv, weil er das Erreichte einfrieren und mit einer schützenden Mauer umgeben will – die dann irgendwann unter der Kraft aufgestauter Veränderungen zusammenbricht. Progressiver Perfektionismus ist destruktiv, weil ihm das Erreichte angesichts der erträumten P. nichts gilt und er jederzeit bereit ist, die erreichten 99% aufs Spiel zu setzen für eine vage Chance auf 100%. Liberaler Perfektionismus ist destruktiv, da er alles einreißen will, was dem freien Spiel der Kräfte im Weg steht und es in menschliche und produktive Bahnen lenken könnte.

Politik

in Organisationen, z. B. Unternehmen: Bezeichnung dafür, dass Entscheidungen nicht aus der rationalen Abwägung heraus, was das Beste im Interesse aller wäre, getroffen werden. Eine »politische Entscheidung« ist die (in aller Regel bewusste) Wahl einer schlechteren Alternative, z. B. aufgrund interner Machtkämpfe oder der gegenseitigen Blockade einander feindlich gesinnter Parteien, aus Rücksichtnahme auf persönliche Befindlichkeiten, um den Gesichtsverlust einer beteiligten Person zu vermeiden oder weil die beste Idee von der »falschen« Person vorgeschlagen wurde. Je mehr Ineffizienzen sich durch jahrzehntelange »politische« Entscheidungen in einer Organisation angesammelt haben, desto hilfloser ist sie den unerbittlichen Kräften entfesselter Märkte ausgeliefert;

in Staatsgeschäften: siehe oben.

Portfolio

auch Portefeuille, eine Sammlung verschiedener Objekte; in der Kapitalanlage eine wichtiges Methode zur Risikostreuung (siehe → Anlageklassen).

Prädestinationslehre

(von lat. praedestinatio, Vorbestimmung), theologisches Gedankenkonstrukt, dass Gott bereits vorab für jeden Menschen festgelegt habe, welches Schicksal ihm bestimmt ist und insbesondere, ob ihm nach dem Tod das ewige Leben zuteilwird oder er in der Hölle zu schmoren hat. Über Augustinus hielt die P. bereits Einzug ins antike Christentum, besonders stark ist sie im Calvinismus vertreten.

Obwohl nicht Bestandteil der Lehre Johannes Calvins (* 1509, † 1564), fand die P. später unter seinen Anhängern als »diesseitige« Interpretation Verbreitung: Gott werde seinen Auserwählten bereits im irdischen Leben das größte Stück vom Kuchen zugedacht haben, weswegen Glück und wirtschaftlicher Erfolg Anzeichen dafür seien, von Gott für das ewige Leben vorbestimmt zu sein. Die P. spornte ihre Anhänger an, dem Streben nach wirtschaftlichem Erfolg nahezu alles andere unterzuordnen – und den Erfolg dann auch offen zu zeigen. Vom Wertmaßstab für Waren wurde → Geld nun auch zum Wertmaßstab für Menschen: Jeder ist so viel wert, wie er verdient bzw. besitzt.

Besonders in den späteren USA wurde die von Einwanderern aus Europa importierte P. eine prägende Ideologie. Dies blieb sie auch bei denjenigen, die in keine Kirche mehr gingen – oft noch extremer, denn erst ohne die (relativierende) Einbettung in ein übergeordnetes Weltbild können Gedankeninhalte in den Köpfen eine quasi absolute (lat. »losgelöste«) Wirkung entfalten. Dies zeigt sich nicht nur in individuellem Profitstreben, sondern auch in der internationalen Politik: »Der Westen« sieht seine Interessen und seine kulturell bedingte Perspektive quasi als Naturgesetze an (dem säkularen Äquivalent zum Willen Gottes); wenn jemand aus dem der Rest der Welt etwas anderes denkt oder gar eigene Interessen geltend macht, qualifiziert er sich damit automatisch selbst zum Fanatiker und Wahnsinnigen ab.

Auf die religiösen Wurzeln des westlichen Kapitalismus wies zuerst Max → Weber in seiner 1904/05 erschienenen Schrift »Die protestantische Ethik und der Geist des Kapitalismus« hin. Fast zwei Jahrtausende zuvor hatte Jesus von Nazareth über den Zusammenhang von irdischem Reichtum und ewigem Leben nach einhelliger Überlieferung durch Matthäus (19, 24), Markus (10, 25) und Lukas (18, 25) gesagt, eher gehe ein Kamel durch ein Nadelöhr, als dass ein Reicher in das Reich Gottes gelange. Inwieweit das mit der P. vereinbar ist, mögen Theologen entscheiden.

Produktionsfaktoren

alle Mittel und Leistungen, die in die Herstellung eines Gutes einfließen.

In der klassischen Nationalökonomie (Volkwirtschaftslehre) unterschied man die P. Boden, Arbeit und Kapital. Die Bedeutung dieser Faktoren variiert je nach Wirtschaftssektor: In der Landwirtschaft ist Boden, in der industriellen Produktion vor allem das eingesetzte Kapital und im Dienstleistungssektor die menschliche Arbeit der knappe Faktor. Bis zu einem gewissen Grad sind die P. substituierbar, d. h., sie können einander ersetzen. Ein bestimmtes Output kann also mit unterschiedlichen Kombinationen der P. erreicht werden, z. B. auf einer kleineren Ackerfläche mit teurem Spezialdünger oder bei einem modernisierten Maschinenpark mit weniger Arbeitskräften. Mit zunehmender Technologisierung und Standardisierung der Produktionsprozesse nahm diese Substituierbarkeit allerdings ab: Es wäre sinnlos, in der Produktionshalle eines heutigen Automobilbauers 50 zusätzliche Arbeiter »mit anpacken« zu lassen, um möglicherweise eine Maschine einzusparen.

Im Lauf der Zeit ist die Unterscheidung von drei P. deutlich differenzierteren Betrachtungen gewichen. Einschneidend war die Unterteilung der menschlichen → Arbeit in objektbezogene (ausführende) und dispositive Arbeit (Leitungs- und unterstützende Aufgaben) durch den deutschen Wirtschaftswissenschaftler Erich Gutenberg (* 1897, † 1984). Die ausführende Arbeit zählt zusammen mit allen anderen eingesetzten Stoffen und Betriebsmitteln zu den »Elementarfaktoren«. Das ist die Sphäre, in der es in der Perspektive der Entscheidungsträger – die den gar nicht teuer genug zu vergütenden dispositiven Faktor darstellen – vor allem darauf ankommt, Kosten zu reduzieren.

Progression, kalte

faktisch eine schleichende Einkommensteuererhöhung, wenn bei einem progressiven Steuertarif die Eckwerte nicht der Inflationsrate angepasst werden. Ein → nominal steigendes, → real aber konstantes Bruttoeinkommen wird mit der Zeit immer höher besteuert, was netto das Realeinkommen sinken lässt.

Stellen Sie sich vor, ein mächtiger Zauberer erlaubt sich einen Scherz und zaubert über Nacht auf alle unsere Geldscheine und Münzen eine zusätzliche Null: Aus dem 20-Euro-Schein werden 200 €, das 50-Cent-Stück ist nun fünf Euro wert usw. Er verzehnfacht aber auch den Wert aller Sparguthaben und Schulden, die Kurse von Wertpapieren, alle Preise, Löhne und Gehälter, Versicherungsprämien, Mieten, Beiträge, Geldbußen und Eintrittskarten – und dies nicht nur im Euro-Währungsgebiet, sondern weltweit. Sie bezahlen also Ihren Kaffee, der nun 18 € statt 1,80 € kostet, mit einem Zwei-Euro-Stück, das nun ein 20-Euro-Stück ist, und sagen »Stimmt so!« Eigentlich hat sich also gar nichts geändert. Oder?

Beim Blick auf die Einkommensteuer realisieren Sie, dass dem nicht so ist: Denn – zumindest wenn sich diese Geschichte im Deutschland des Jahres 2015 ereignet – sogar 450-Euro-Jobber (jetzt: 4500-Euro-Jobber) bezahlen plötzlich den Spitzensteuersatz von 42 %. Lässt man die dreiprozentige, ab etwa 250 000 € Jahreseinkommen erhobene »Reichensteuer« außer Acht, dann hat sich der Spitzensteuersatz in einen Einheitssteuersatz verwandelt.

Diesen schalkhaften Zauberer gibt es wirklich, er heißt »→ Inflation«. In der Regel verzehnfacht er die Preise nicht über Nacht. Bei einer durchschnittlichen Inflationsrate von 10 % würde er dafür immerhin 25 Jahre benötigen [mit dem Taschenrechner überprüfbar: 1,1 hoch 25]. Und schon bei einer moderaten durchschnittlichen Inflationsrate von 3 % wird sich der Nominalwert eines real gleichbleibenden Einkommens in dieser Zeit mehr als verdoppeln [1,03 hoch 25].

Wie man am Eingangsbeispiel leicht erkennt, trifft die k. P. besonders stark die Bezieher geringerer Einkommen. Wer bereits nahe am Spitzensteuersatz liegt oder ihn schon bezahlt, verliert dadurch weniger bzw. gar nichts. Nutznießer der k. P. ist der Staat, dessen Einnahmen auch bei ansonsten gleichbleibender Lage steigen. Er muss nur einige Jahre lang »vergessen«, die Einkommensteuer-Bemessungsgrenzen der Teuerungsrate anzupassen. Und wie von Zauberhand werden langsam, aber sicher Geringverdiener steuerlich zu Normalverdienern, Normalverdiener zu Gutverdienern und Gutverdiener zu Besserverdienern.

Noch einmal kurz: Die k. P. ist eine sachlich unbegründete, also ungerechte automatische Steuererhöhung besonders auf kleine und mittlere Einkommen. Eine Abschaffung der k. P. diente dem Erhalt des Status quo, wäre also keine Steuersenkung. Warum dennoch immer wieder Politiker die Debatte mit der Vokabel »Steuersenkung« abwürgen können? Weil wir sie damit durchkommen lassen.

Quesnay, François

französischer Arzt und Ökonom, 4. 6. 1694, † 16. 12. 1774.

Als sich Q. in bereits vorgerücktem Alter mit der Volkswirtschaft beschäftigte, schöpfte er aus seiner beruflichen Erfahrung und seinem Wissen über den menschlichen Blutkreislauf und entwickelte 1758 das Tableau économique, ein → Modell des Wirtschaftskreislaufs.

Es ist schwer zu sagen (und wäre vielleicht ein kleines Gedankenspiel für einen Kaminabend mit Freunden bei einer Flasche Wein), wie wir uns heute die Zusammenhänge in einer Volkswirtschaft vorstellen würden, wäre Q. Offizier, Schafhirte oder Bildhauer gewesen.

Ratingagenturen

Unternehmen, die die Kreditwürdigkeit von Staaten, Gebietskörperschaften und Unternehmen sowie die Ausfallwahrscheinlichkeit von Forderungen bewerten. Die Benotung reicht dabei in der Regel von AAA (»Triple A«, höchste Bonität) bis D (Zahlungsausfall). Die größten und einflussreichsten R. sind sämtlich in den USA beheimatet.

Bezahlt werden die R. nicht von den Anlegern, sondern von denen, die sie bewerten. Kritiker bemängeln, dass die Bewertungen dadurch zu gut ausfielen. Um zu verhindern, dass abgestufte Unternehmen zu einer anderen R. abwanderten, vergäben die R. teilweise zu hohe Ratings und senkten diese erst, wenn die Probleme des Unternehmens so offensichtlich seien, dass keiner sie mehr ignorieren könne. Als Frühwarnsystem seien die R. daher nur bedingt geeignet. So wies die US-Bank Lehman Brothers noch wenige Tage vor ihrer Insolvenz im September 2008 eine gute Bewertung auf.

Nicht nur die Abwanderung von Kunden droht den R.: Nachdem Standard & Poor's (S&P) im Jahr 2011 die Kreditwürdigkeit der hoch verschuldeten USA von AAA auf die zweitbeste Bewertung AA+ senkte, erhielt diese R. wenig später Besuch von der amerikanischen Börsenaufsicht.

real

Bezeichnung für Größen bzw. die Veränderung von Größen im Verhältnis zu anderen, z. B. von Geldwerten unter Berücksichtigung der Preisentwicklung (→ Inflation oder → Deflation). Dabei kann es sich um Veränderungen des Einkommens, die Verzinsung von Sparguthaben oder volkswirtschaftliche Größen wie das → Bruttoinlandsprodukt handeln.

Im Gegensatz zu → nominalen vermeiden r. Wertangaben → Geldillusion – das allein durch sinkende Kaufkraft des Geldes erzeugte Gefühl, immer reicher zu werden.

Rechtsstaat

ein Staat, der sich an seine eigenen Gesetze hält. Auch dann, wenn es unpopulär ist. Gerade dann, wenn es unpopulär ist. Ein Staat, in dem jeder Bürger staatliches Handeln auch vor Gericht überprüfen lassen kann.

In dem das Gesetz für alle gleich gilt. Auch für Leute, die man nicht mag.

Eine Gesellschaft, die die Prinzipien des R. entschlossen verteidigt – auch gegen eigene Impulse wie Hass, Rachebedürfnis oder (sozio-)kulturell bedingte Abneigung –, läuft weniger Gefahr, rassistische Politik oder McCarthyistische Hexenjagden zuzulassen. Ein funktionierender R. ist somit ein wichtiger Schutzfaktor gegen das Abgleiten in eine Diktatur, denn Diktaturen beginnen oft mit der Entrechtung von Menschen (von Einzelnen, Gruppen oder allen), auch ohne rechtliche Grundlage.

Umso wichtiger ist es, sich der Bedrohungen des R. bewusst zu werden. Dazu gehören u. a.:

jede Aufweichung der Gewaltenteilung;

jede Gefährdung der Rechtssicherheit, etwa durch rückwirkend erlassene Gesetze oder eine dauerhaft ungeklärte Rechtslage (rechtliche Grauzonen);

jede Unterminierung der Gleichheit aller vor dem Gesetz;

Zerstörung des gesellschaftlichen Konsenses durch übertriebene materielle Ungleichheit;

Intransparenz staatlichen Handelns;

Handeln von Exekutive, Legislative oder Judikative ohne gesetzliche Grundlage oder ohne jede Verhältnismäßigkeit im Namen einer gefühlten Gerechtigkeit;

fehlende Konsequenzen für Politiker, die ohne rechtliche Grundlage handeln; womöglich noch unter Beifall von den Medien;

ein moralisches Überlegenheitsgefühl, dem zur Durchsetzung des »Guten« jedes Mittel recht ist.

RFID-Chip

engl. Abk. für Chip zur Identifizierung mit Hilfe elektromagnetischer Wellen. Der RFID-C. ist ein kleiner Transponder, der unbelebten und lebenden (einschließlich menschlichen) Objekten implantiert werden kann, um sie jederzeit orten und identifizieren zu können.

Flächendeckend eingeführt, böte er nicht nur die Möglichkeit zur lückenlosen Überwachung. Als Zahlungsmöglichkeit verwendet, schüfe er auch die Voraussetzung für eine Abschaffung des Bargeldes (→ Geld) – ein Szenario, das schon in der → Apokalypse prophezeit wird. Damit wäre den Menschen die → Freiheit, über die Früchte ihrer Arbeit zu verfügen, endgültig genommen. Das alles wiegt natürlich nicht die Vorteile des Chips auf: Es wird möglich sein, ohne Schlüssel die Wohnung zu betreten und Auto zu fahren, ohne die lästige Eingabe von Codes oder Passwörtern online einzukaufen, sich in elektronische Geräte und Netzwerke einzuloggen und den Firmenkopierer zu nutzen. Zumindest so lange, bis der allmächtige Algorithmus sagt, dass man dazu nicht mehr befugt ist.

Ricardo, David

britischer Wirtschaftswissenschaftler, * 18. 4. 1772, † 11. 9. 1823.

Basierend auf seiner Theorie der komparativen Kostenvorteile entwickelte R. sein Außenhandelsmodell (R.-Modell). Danach lohnt sich der Außenhandel auch für ein Land, das (aufgrund geringerer Arbeitsproduktivität) bei der Herstellung aller gehandelten Produkte Kostennachteile hat. Spezialisierung und internationale Arbeitsteilung sind also nicht nur dann sinnvoll, wenn das Exportland ein Produkt günstiger produzieren kann als das Importland. Sondern auch, wenn es geringere → Alternativkosten und dadurch einen komparativen (lat. »comparare«: »vergleichen«) Kostenvorteil besitzt.

Das Modell lässt sich auch auf individuelle Arbeitsteilung anwenden, etwa auf zwei Geschäftspartner – nennen wir sie David und Ricardo – die gemeinsam ihre neuen Büros einrichten. Der handwerklich geschicktere David benötigt für den Zusammenbau des Mobiliars vier Stunden, Ricardo fünf. Zum Tapezieren und Streichen eines Büros braucht David drei Stunden, Ricardo sechs. Wenn jeder sein Büro alleine einrichtete, wäre David also nach sieben, Ricardo nach elf Stunden fertig. Einigen sie sich darauf, dass David beide Zimmer tapeziert und Ricardo für beide die Möbel zusammenbaut, sparen beide eine Arbeitsstunde. Für David lohnt es sich also, seine Möbel vom langsameren Ricardo zusammenbauen zu lassen, weil dessen Produktivitätsnachteile (und damit seine Alternativkosten) hier deutlich geringer sind als beim Tapezieren.

Noch wirtschaftlicher wäre es allerdings, die Arbeit durch schlecht bezahlte Mitarbeiter oder durch Praktikanten erledigen zu lassen (→ Globalisierung).

Risiko

die Ungewissheit der Folgen, die man mit der Entscheidung für eine Handlungsalternative bewusst akzeptiert und eingeht.

Den Unterschied zwischen R. und Gefahr beschreibt ein Beispiel des deutschen Soziologen Niklas Luhmann (* 1927, † 1998): Wenn ich meinen Regenschirm zu Hause lasse, gehe ich das R. ein, unterwegs durch Regen nass zu werden; nehme ich ihn mit, besteht das R., dass ich ihn verliere. Die Gefahr, nass zu werden, wird durch das Vorhandensein eines Regenschirms zu dem R., als Folge meiner Entscheidung (nämlich: ihn nicht mitzunehmen) nass zu werden. Auf diese Weise kann eine neue Erfindung unser Leben risikoreicher machen, selbst wenn von ihr gar keine Gefahr ausgeht, sondern sie uns sogar die Möglichkeit gibt, uns gegen eine Gefahr zu wappnen.

Viele Menschen sind risikoscheu, was auch daran liegt, dass R. meist als das Gegenteil von Sicherheit angesehen wird. Das Gegenteil von Sicherheit heißt jedoch »Gefahr«. Wer angesichts einer Gefahr kein R. eingeht, ist dadurch noch lange nicht in Sicherheit. Er hat sich lediglich die Chance entgehen lassen, der Gefahr aktiv zu begegnen und bleibt ihr passiv ausgeliefert. Anleger, die wegen des R. von Kursverlusten → Aktien meiden, setzen oft (unbewusst) alles auf eine Karte – den dauerhaften Bestand ihrer Währung, in der sie auf die eine oder andere Art (Sparbuch, Rentenansprüche, Lebensversicherung etc.) ihr gesamtes Vermögen angelegt haben. Eine Risikostreuung durch Verteilung des Vermögens auf verschiedene → Anlageklassen mit ihren je eigenen Risikoprofilen wäre oft die sicherere Wahl.

Rousseau, Jean-Jacques

französischer Philosoph,
* 28. 6. 1712, † 2. 7. 1778.

R. betrachtet den Menschen als von Natur aus gut; Schuld daran, dass die Menschen einander hassen und sich gegenseitig Böses tun, sei die (auf Privateigentum gegründete) Gesellschaft. Die Forderung »Zurück zur Natur!« (»Retour à la nature!«), auch wenn sie in keiner von R.s Schriften zu finden ist, wird daher als Kern seines politischen und pädagogischen Programms angesehen. In seinem pädagogischen Hauptwerk »Emile oder über die Erziehung« (1762) beschreibt R. die Erziehung des fiktiven Jungen Emile bis zu dessen 25. Lebensjahr. Von gesellschaftlichen Einflüssen weitgehend abgeschirmt, wird Emile unter dem Schein der Freiheit von seinem Erzieher manipuliert, um die erwünschten sozialen Instinkte zu entwickeln.

R.s Menschenbild und das darauf aufbauende »Zurück zur Natur!« lassen sich vielfach hinterfragen und kritisieren. Handelt es sich nicht nur um eine säkularisierte Form der biblischen Vertreibung aus dem Paradies – erweitert um den Glauben, man könne dorthin zurückkehren? Und ist die Annahme, der Mensch sei von Natur aus gut, nach Charles Darwins »Über die Entstehung der Arten« (1859) überhaupt noch haltbar? Wie konnten von Natur aus gute Menschen etwas schaffen, das sie »böse« und egoistisch werden ließ? Aber vor allem: Warum sollte der Ausweg aus der Misere gerade aus dieser verdorbenen (und die Menschen verderbenden) Gesellschaft entspringen? Warum also soll Emile durch einen Erzieher bevormundet werden, der doch von der zu überwindenden Gesellschaft bereits geprägt ist?

R. gilt als Aufklärer, seine Philosophie – oder das, was seine späteren Anhänger daraus machten – steht jedoch eher im Gegensatz zur → Aufklärung. Dies weniger durch seine Gesellschaftskritik, die ein wichtiges Korrektiv zum (bisweilen in ihrer Begeisterung etwas naiven) Fortschrittsoptimismus vieler Aufklärer darstellt. Sondern weil R. den Menschen, indem er ihn für gut erklärt und Kultur und Gesellschaft zur Ursache des Bösen in der Welt erhebt, aus der Verantwortung entlässt. Damit verdammt er den Menschen zu der Unmündigkeit, aus der die Aufklärung ihn doch herausführen wollte. Sämtliche an R. anknüpfenden politischen Programme beargwöhnen die Fähigkeit des Menschen, »sich seines Verstandes ohne Leitung eines anderen zu bedienen« (Kant). Sie wollen ihn behüten, bevormunden, erziehen. Damit unterminieren sie das an die Aufklärung anknüpfende Gesellschaftsmodell, dessen Fundament die Freiheit und

die Rechte jedes Individuums sind. Dazu zählt auch die Freiheit, zu irren und sich sogar selbst zu schaden.

So leben wir bis heute mit dem Paradoxon, dass der Liberalismus, der den Menschen als egoistisch betrachtet (→ Homo oeconomicus), ihm trotzdem weitgehende Freiheit zugesteht, weil es die unsichtbare → Hand schon irgendwie richten werde. Diejenigen, die in Nachfolge Rousseaus den Menschen als von Natur aus gut ansehen, wollen ihn durch die (doch eigentlich verdorbene) Gesellschaft erziehen und entmündigen lassen.

Say, Jean-Baptiste

französischer Ökonom,
* 5. 1. 1767, † 15. 11. 1832.

Auf S. und den schottischen Theologen und Volkswirt James Mill (* 1773, † 1836) geht das Saysche Theorem zurück, nach dem sich (kurz zusammengefasst) jedes Angebot seine Nachfrage selbst schaffe. Eine Wirtschaftspolitik, die sich an diesem Theorem ausrichtet, nennt man Angebotspolitik (auch angebotsorientierte Wirtschaftspolitik). Sie sieht staatliche Eingriffe in die Wirtschaft skeptisch, beschränkt sich weitgehend auf die Herstellung möglichst guter Bedingungen für Investitionen und vertraut darauf, dass sich stets ein Gleichgewicht einstellen wird, sodass mehr Investitionen auch zu volkswirtschaftlichem Wachstum und mehr Beschäftigung führen werden.

Nach dem Scheitern der Angebotspolitik in der Weltwirtschaftskrise der 1930er-Jahre herrschte in den Jahrzehnten nach dem Zweiten Weltkrieg mit dem → Keynesianismus eine nachfrageorientierte Wirtschaftspolitik vor. Als auch deren Schwächen offenbar wurden, kehrte man zur Angebotspolitik zurück. Angesichts der Finanzkrise scheint ein erneuter → Paradigmenwechsel dringend notwendig.

Schnäppchenjagd

die Suche nach und das Nutzen von günstigen Angeboten (»Schnäppchen«). Die Fixierung moderner Konsumenten auf Billig- und Gratisangebote ist ein Ausdruck der Erosion bürgerlicher Werte, insbesondere der Überzeugung, dass für gute Arbeit auch ein guter Lohn bzw. Preis zu zahlen sei. Die Konkurrenz der Anbieter bzw. Hersteller läuft vermehrt über den Preis, andere Produktkomponenten wie Qualität, Lebensdauer (geplante → Obsoleszenz), Umweltverträglichkeit und menschenwürdige Arbeitsbedingungen werden vernachlässigt.

Der S.-Mentalität entspricht im globalen Umfang die möglichst weitgehende Verlagerung von Produktionsschritten in so genannte Niedriglohnländer. So können die Unternehmen die Verkaufspreise für ihre Produkte konkurrenzfähig halten – was, weil die Konkurrenz ebenso handelt, eine Abwärtsspirale in Gang setzt. Teil der verqueren Logik dieser Entwicklung ist, dass (immer mehr) Produktionsschritte verlagert werden »müssen«, um (immer weniger) heimische Arbeitsplätze zu sichern. Zudem hilft sie, uns einen Wohlstand vorzugaukeln, den unsere Wirtschaft schon längst nicht mehr erzeugt. Oder haben Sie einmal darüber nachgedacht, welche Konsumgüter Sie mit Ihrem Einkommen noch kaufen könnten, wenn alles zu hiesigen Stundenlöhnen produziert würde?

Schneeballsystem

Geschäftsmodell, das darin besteht, immer mehr Menschen zur Einzahlung von Geld zu bewegen. Das S. erwirtschaftet keine nennenswerten Gewinne, sondern verteilt hauptsächlich das eingesammelte Geld zwischen seinen Teilnehmern um: Den frühen Teilnehmern – unter ihnen oft die Initiatoren des S. – werden die Einzahlungen späterer Teilnehmer als »Gewinn« ausbezahlt. Das S. kollabiert, wenn die Akquise neuer Investoren an ihre Grenzen stößt, sodass das System nicht mehr schnell genug wachsen kann. Dann bleiben viele der Teilnehmer auf ihren Verlusten sitzen.

Das S. im engeren Sinne ist vergleichsweise leicht zu durchschauen und zu meiden; es funktioniert nach den Regeln eines Kettenbriefs: Jeder Teilnehmer muss neue Interessenten werben und erhält deren Einzahlungen dann als »Gewinn«. Das Prinzip des S. wirkt jedoch auch in anderen Bereichen, etwa an der Börse zu Zeiten einer → Blase oder in einer gesamten Volkswirtschaft in Zeiten galoppierender → Inflation. Auch die hohe Verschuldung des Staates und der Sozialversicherung (→ Generationenvertrag) oder ein auf → Zins und → Zinseszins basierendes (und eines Tages darunter zusammenbrechendes) Finanzsystem machen uns über kurz oder lang alle zu unfreiwilligen Teilnehmern eines S.

»Ergänzt« werden die S. durch eine Umverteilung von unten nach oben, wie sie etwa in der Finanzkrise (siehe → Inside Job) oder durch → Shareholder Value in Unternehmen vorgenommen wird. Hier profitieren nicht die früheren Teilnehmer, sondern diejenigen in Spitzenpositionen. Da die maßlose Bereicherung einiger Manager die betroffenen Unternehmen aber mittel- bis langfristig ausbluten lassen, kann man auch hier von einem S. sprechen.

Seebund, Attischer

Bündnis zwischen Athen und zahlreichen griechischen Städten und Inseln, vor allem an bzw. vor der Westküste Kleinasiens (heute Türkei), im 5. Jahrhundert v. Chr.

Der 478/477 v. Chr. gegründete A. S. war zunächst ein Verteidigungsbündnis, das die kleinen, freien (griechischen) Staaten gegen das große, böse Reich im Osten (Persien) beschützen sollte. Militärische Führungsmacht war von Anfang an Athen. Nachdem Mitte des 5. Jahrhunderts die Bedrohung durch Persien abgenommen hatte, instrumentalisierte Athen den A. S. mehr und mehr für den Ausbau seiner Position als Militär- und Handelsmacht. Die Bündnispartner durften keine eigene Außenpolitik mehr betreiben, und anstelle der Bundesversammlung entschied Athen allein über die Politik des Bündnisses. Versuche, aus dem Bündnis auszutreten, wurden brutal unterdrückt. Die Beitragsleistungen der Bündnispartner an den Seebund wurden de facto zu Tributzahlungen an Athen, was auch in der Verlegung der Bundeskasse von der Insel Delos nach Athen (354 v. Chr.) seinen Ausdruck fand.

Der A. S. wurde aufgelöst, nachdem Athen im Peloponnesischen Krieg (431–404 v. Chr.) an seiner eigenen Maßlosigkeit zugrunde gegangen war. Der 379/378 gegründete Zweite A. S. konnte den Niedergang der griechischen Staatenwelt nicht mehr aufhalten. Ihr Ende wurde 338 v. Chr. durch die Niederlage gegen die Makedonier unter König Philipp, den Vater Alexanders des Großen, in der Schlacht von Chaironeia besiegelt.

sexy

fragwürdiges, in einer Mediendemokratie aber sehr wirkmächtiges Gütesiegel für politische Forderungen und Programme.

Dass charismatische oder wenigstens telegene Persönlichkeiten in der Politik bessere Chancen haben als Menschen mit der Ausstrahlung eines Langweilers, mag für Letztere ärgerlich sein, ist aber keine grundlegende Bedrohung der → Demokratie. Zu einer ernsten Schieflage kommt es aber, wenn bestimmte politische Forderungen und Problemlösungen oder ganze Themenfelder keine Chance haben, eine Titelstory gewidmet zu bekommen oder sich in einer Talkshow bzw. im Wahlkampf gegen plakativere Konkurrenz zu behaupten, weil sie »nicht s.« sind. Ist die Verschuldung der öffentlichen Haushalte vielleicht nur deshalb so hoch, weil Geldausgeben s. ist, Schuldenabbau aber nicht? Wer je darauf hingewiesen hat, dass die Prinzipien des → Rechtsstaats auch für Personen(gruppen) gelten, die bei der Mehrheit gerade nicht wohlgelitten sind, wer je individuelle → Freiheit gegen ideologisch motivierte Gestaltungsfantasien verteidigt hat, der weiß, wie einsam man in einer demokratischen Gesellschaft sein kann, wenn man eine »unsexy« Meinung vertritt.

Für die Vertreter einer besonnenen und nachhaltigen Politik darf dies aber keine Rechtfertigung sein, sich schmollend in Gleichgültigkeit, Wählerbeschimpfung oder Sarkasmus zu flüchten, weil »vernünftige« Politik eben nicht vermittelbar sei. Es ist vielmehr eine Herausforderung an Fantasie und Kreativität, unpopuläre Positionen in Einzelfragen zu einer großen Erzählung zu bündeln, die die Menschen begeistert und somit dann doch wieder »s.« ist.

An der Börse kündigen sich Crashs oft dadurch an, dass immer mehr Akteure nur noch von schnellen Kursexplosionen träumen, während ordentliche und nachhaltige, aber einstellige Gewinne als »unsexy« gelten und ignoriert werden.

Shareholder-Sozialismus

Versuch, innerhalb einer kapitalistischen Wirtschaftsordnung eine größere soziale Gleichheit und eine Angleichung der Interessen zu erreichen, indem möglichst viele private Haushalte zu Aktienbesitzern werden. Dabei sollen den Bürgern unveräußerliche Aktien zugeteilt werden, die sie zu anteiligen Eigentümern an Unternehmen und deren Produktionsmittel machen und ihnen eine Rendite aus Dividenden (siehe → Aktie) verschaffen. Nach dem Tod fallen die Aktien an den Staat zurück, der sie anderen Bürgern übertragen kann.

Dieser Ansatz will dem grundlegenden Problem begegnen, dass viele Arbeitnehmer vom Wirtschaftswachstum abgekoppelt sind, da erfahrungsgemäß Unternehmensgewinne – die sich in Aktienkursen und Dividenden niederschlagen – auf lange Sicht schneller wachsen als

Löhne und Gehälter. Kritiker bezweifeln jedoch, dass sich dadurch die zuwiderlaufenden Interessen innerhalb der Gesellschaft erfolgreich harmonisieren ließen. Vielmehr verlagere sich der Konflikt auf den Einzelnen, der als Aktienbesitzer zum Kapitalisten werde und als solcher eine möglichst hohe Rendite anstrebe, was seinen Interessen als Arbeitnehmer (hohe Entlohnung, Arbeitsplatzsicherheit) widerspreche.

Es gab und gibt auch andere Versuche, die Aktionärsquote zu erhöhen, um breitere Bevölkerungsschichten vom Wachstum der Wirtschaft profitieren zu lassen. Neben der → Volksaktie zählt dazu auch die Belegschaftsaktie, mit der Mitarbeiter Anteile ihres Unternehmens vergünstigt – und durch Steuerfreibeträge gefördert – erwerben können. Ob das für die Arbeitnehmer ein gutes Geschäft ist, hängt aber von den Kursaussichten der Aktie sowie von den mit dem Kauf verbundenen Auflagen ab. Oft müssen Belegschaftsaktien viele Jahre lang gehalten werden. Sie verfallen, sollte der Mitarbeiter in der Zwischenzeit das Unternehmen verlassen. Zumindest sollten Belegschaftsaktien ein »Zubrot« bleiben und keinen zu großen Anteil am eigenen Vermögensaufbau bzw. der Altersvorsorge einnehmen. Denn sonst besteht ein »Klumpenrisiko«, das Gegenteil der eigentlich anzustrebenden Risikostreuung (→ Risiko, → Anlageklassen): Geht die Firma pleite, ist zusätzlich zur drohenden Arbeitslosigkeit auch das Aktienpaket wertlos.

Shareholder Value

dt. »Aktionärswert« bzw. »Aktionärsnutzen«, der (Markt-)Wert eines Unternehmens, bemessen nach dem Kurs der Aktien, multipliziert mit deren Anzahl. Der Begriff steht als Schlagwort für eine »Philosophie« (zutreffender wäre »Ideologie«) der Unternehmensführung, die allein an einer maximalen – und meist kurzfristigen – Steigerung des S. V. ausgerichtet ist.

Ein Unternehmen, das nach dem Prinzip der S.-V.-Maximierung geführt wird, verhält sich wie ein Soziopath: Es wird ohne Skrupel alles, wirklich alles dafür tun, kurzfristig den Gewinn zu steigern – z. B. die Umwelt zerstören, miserable und gefährliche Arbeitsbedingungen in Kauf nehmen oder Massenentlassungen durchführen. Allerdings sind in der Praxis die Soziopathen meist reale Personen, die S. V. nur als Rechtfertigung für ihre private, maßlose Bereicherung vorschieben. Denn im Interesse aller Aktionäre (Shareholder) ist es sicher nicht, wenn sich Konzernmanager das kurzfristige Strohfeuer an der Börse, das sie durch Massenentlassungen entfacht haben, mit millionenschweren Boni, die an den Aktienkurs gebunden

sind, vergüten lassen. Ein paar Jahre später, wenn der Spuk an der Börse vorbei ist und das Unternehmen vor den durch die kurzfristig ausgerichtete S.-V.-Politik verursachten Problemen steht, managen die einstigen Heilsbringer bereits andere Unternehmen in den Abgrund. Auch sind die an kurzfristigen Gewinnen orientierten Anleger (nicht selten → Hedgefonds) weitergezogen und setzen nun andere Konzernleitungen unter Druck, schnelle Gewinne zu generieren.

Vielleicht ist also S. V. de facto ein → Euphemismus für den Triumph der → Gier über langfristig ausgerichtetes wirtschaftliche Denken. Eine bedenkenswerte Alternative ist → Stakeholder Value.

Smith, Adam

schottischer Philosoph und Ökonom, * 5. 6. 1723, † 17. 7. 1790.

Sein ökonomisches Hauptwerk »An Inquiry into the Nature and Causes of the Wealth of Nations« (dt. »Der Wohlstand der Nationen«) markiert den Beginn der klassischen Nationalökonomie. Als Aufklärer (→ Aufklärung) setzt sich S. kritisch mit der durch staatliche Eingriffe wie Privilegien, Monopole oder Einfuhrhemmnisse geprägten Wirtschaftspolitik des Absolutismus auseinander. Deren grundlegender Fehler war es, den Außenhandel als ein

→ Nullsummenspiel anzusehen, bei dem der Gewinn eines Staates nur durch Verluste eines anderen zu erzielen sei. Die durch diese Grundannahme ausgelöste → Angst, zu den Verlierern zu gehören, führte zu einer Regulierungswut, die später als »Merkantilismus« bezeichnet wurde. Ökonomen wie S. und David → Ricardo eröffneten die Perspektive für einen Außenhandel, der durch Spezialisierung und Arbeitsteilung beiden Seiten zugutekommen kann.

Durch sein Werk gilt S., der die Selbstregulierungskräfte des Marktes mit der Metapher der unsichtbaren → Hand verbildlichte, als Begründer der freien Marktwirtschaft. Als unfehlbares Ordnungsprinzip hat er den Markt aber nicht betrachtet, weswegen radikale wirtschaftsliberale Forderungen (→ Laissez-faire) zu Unrecht von Anhängern und Gegnern mit seinem Namen verknüpft werden.

Soli

umgangssprachliches Kurzwort für »Solidaritätszuschlag«, eine 1991 eingeführte Steuer, die als (derzeit 5,5-prozentiger) Zuschlag auf Einkommen-, Kapitalertrag- und Körperschaftsteuer erhoben wird.

Der durch seinen Namen erzeugte Eindruck, die durch den S. eingenommenen Steuergelder dienten dem Aufbau der ostdeutschen Bundesländer bzw. dem Ausgleich teilungsbedingter Nachteile, ist falsch. In öffentlichen Haushalten herrscht nämlich das Prinzip der Nonaffektation (→ Steuern). Das besagt, dass es keine zweckgebundenen Einnahmen gibt. Die Einnahmen aus dem S. fließen also keinesfalls bevorzugt in den Solidarpakt, genau so wenig wie die Tabaksteuer in die Rentenversicherung oder die Mineralölsteuer in den Straßenbau oder den Umweltschutz fließt.

Durch die geschickte Namenswahl (und die Namensverwandtschaft mit dem Solidarpakt) ist der S. quasi immun gegen Bestrebungen, ihn abzuschaffen. Jegliches Infragestellen dieser Sondersteuer wird mit dem Vorwurf gekontert, man wolle die Solidarität mit den ostdeutschen Ländern aufkündigen, was eine starke → Emotionalisierung und eine Polarisierung zwischen West- und Ostdeutschen bewirkt (→ Divide et impera): 2013 sprachen sich in einer Umfrage 58 % der Westdeutschen für die Abschaffung des S. aus, während 62 % der Ostdeutschen für seine Beibehaltung waren.

Sozialgesetzbuch (Deutschland)

Abk. SGB, Zusammenfassung des deutschen Sozialrechts, u. a. der → Sozialversicherung. Das SGB besteht aus zwölf Gesetzen (Büchern), die zwischen 1976 (SGB I) und 2005 (SGB II und SGB XII) in Kraft traten. In ihm wurde das zuvor auf verschiedene Gesetze verstreute deutsche Sozialrecht zusammengeführt und weiterentwickelt.

SGB I: Allgemeiner Teil; SGB II: Grundsicherung für Arbeitsuchende; SGB III: Arbeitsförderung; SGB IV: Gemeinsame Vorschriften für die Sozialversicherung; SGB V: Gesetzliche Krankenversicherung; SGB VI: Gesetzliche Rentenversicherung; SGB VII: Gesetzliche Unfallversicherung; SGB VIII: Kinder- und Jugendhilfe; SGB IX: Rehabilitation und Teilhabe behinderter Menschen; SGB X: Verwaltungsverfahren und Sozialdatenschutz; SGB XI: Soziale Pflegeversicherung; SGB XII: Sozialhilfe.

Wenn Sie den letzten Absatz jetzt noch einmal lesen – nicht so oberflächlich, wie Sie ihn gerade überflogen haben – erhalten Sie vielleicht eine Ahnung davon, welch enormes Unterfangen der Plan einer Kodifizierung des deutschen Sozialrechts zu Beginn gewesen sein muss. Und dass viele der beteiligten Politiker aus dem Anspruch heraus gehandelt haben dürften, etwas zum Wohl der Bürger tun und den Staat besser hinterlassen zu wollen, als sie ihn vorgefunden hatten. Das war vor vier Jahrzehnten, kaum mehr als eine Generation her – in einem Land, wo über 90 % der Wahlberechtigten zur Bundestagswahl gingen und die beiden großen Volksparteien zusammen über 90 % der Wählerstimmen auf sich vereinigten.

Sozialstaat

ein Staat, der soziale Sicherheit und Gerechtigkeit zu einem Ziel seines Handelns erhebt. In Deutschland ist das Sozialstaatsprinzip in Art. 20 Abs. 1 GG (»Die Bundesrepublik Deutschland ist ein demokratischer und sozialer Bundesstaat.«) zum Verfassungsziel erhoben.

Eine wichtige Leistung des S. ist die Absicherung seiner Bürger gegen die großen Lebensrisiken, in Deutschland besonders durch die → Sozialversicherung, sowie eine Grundsicherung durch staatliche Transferleistungen wie das Arbeitslosengeld II (im Volksmund »Hartz IV« genannt). Weitgehend einig ist man sich, dass der S. (v. a. durch seine Schul- und Bildungspolitik) »jedem eine Chance geben« soll. Und dass darüber hinaus eine gewisse Umverteilung – etwa durch progressive Steuersätze bei der Einkommensteuer – stattfinden soll, damit nicht die Märkte das letzte Wort haben bei der Zuteilung von Chancen und Lebensqualität.

Die weitere Ausgestaltung des S. und insbesondere die Frage, wie stark in den freien Markt eingegriffen werden darf, sind zwischen Interessengruppen und politischen Weltanschauungen umstritten. Dabei geht es um Verteilungskämpfe, im Kern aber auch um das Dilemma, dass einerseits ein Mindestmaß an Wohlstand und persönlicher Sicherheit Voraussetzungen für individuelle → Freiheit sind, andererseits aber jede staatliche Maßnahme auch einen Eingriff in eben diese Freiheit bedeutet. Insbesondere liberale Kritiker werfen dem S. vor, den Einzelnen zu bevormunden beim Versuch, ihn vor sich selbst zu beschützen. Weil er immer mehr Bereiche des täglichen Lebens reguliere, drohe der S. – besonders in seiner stärkere Ausprägung als Wohlfahrtsstaat – in eine »wohlmeinende Diktatur« abzuleiten.

Eine solche Tendenz zeigt sich schon im Sprachgebrauch der Politiker, wenn sie über uns als »Menschen« sprechen anstatt als »Bürger«. Denn das Wort »Bürger« würde unsere (durch Rechte und Pflichten definierte) politische und rechtliche Stellung gegenüber dem Staat betonen. »Mensch« legt den Fokus dagegen mehr auf unsere biologische Existenz, auf Fehler und Mängel, Bedürfnisse und Bedürftigkeit. Und der Staat, der uns umhegt, pflegt und ernährt, darf ja wohl im Gegenzug erwarten, dass wir uns dankbar und geräuschlos fügen. Wer wird die Hand beißen, die ihn füttert – mit Geld, das ihm vorher aus der Tasche gezogen wurde, wodurch die Ab-

hängigkeit von dieser Fütterung erst entstanden ist.

Sozialversicherung

→ Versicherung, die gegen die großen Lebensrisiken wie Krankheit, Pflegebedürftigkeit oder Arbeitslosigkeit absichert. Die Zahlungen erfolgen aus den Beiträgen der Versicherten – die dadurch eine Solidargemeinschaft bilden. In Deutschland ist die S. gesetzlich im → Sozialgesetzbuch (SGB) verankert und besteht aus fünf Säulen: Arbeitslosenversicherung (SGB III), Krankenversicherung (SGB V), Rentenversicherung (SGB VI), Unfallversicherung (SGB VII) und Pflegeversicherung (SGB XI). Die Beiträge zur Unfallversicherung werden vom Arbeitgeber allein gezahlt. Die übrigen Beiträge werden je zur Hälfte von Arbeitgeber und Arbeitnehmer bestritten (mit Abweichungen bei Kranken- und Pflegeversicherung zulasten der Arbeitnehmer).

Die gesetzliche S. wurde Ende des 19. Jahrhunderts in verschiedenen Staaten eingeführt. Im Zuge der Industrialisierung hatte sich eine breite Arbeiterschicht gebildet, die am Rande des Existenzminimums lebte und im Falle von Krankheit, Invalidität oder Alter keinerlei Absicherung besaß. Die bis dahin praktizierten Sicherungssysteme – Familienverband, kirchliche

Armenfürsorge, solidarische Versicherungen einzelner Berufsgruppen (z. B. in Gilden, Zünften und Gewerkschaften) – waren dieser Massenarmut nicht gewachsen. Die Einführung der S. erfolgte weniger aus humanitären Gründen. Vielmehr sollte sie einer Destabilisierung der Gesellschaft und ihrer Wirtschaftsordnung infolge von Massenverelendung vorbeugen.

In Deutschland initiierte Reichskanzler Otto von Bismarck (* 1815, † 1898) die Kranken- (1883), Unfall- (1884) und Rentenversicherung (1889). Nach eigenen Worten war es sein Ziel, »die arbeitenden Klassen zu gewinnen, oder soll ich sagen zu bestechen, den Staat als soziale Einrichtung anzusehen, die ihretwegen besteht und für ihr Wohl sorgen möchte«. Der Plan, auf diese Weise die Arbeiter mit dem System zu versöhnen und der von Bismarck bekämpften Sozialdemokratie zu entfremden, ging allerdings nicht auf.

1911 wurde eine eigene Rentenversicherung für die wachsende Berufsgruppe der Angestellten eingeführt. 1927 kam die Arbeitslosenversicherung hinzu, die jedoch für die Massenarbeitslosigkeit der Weltwirtschaftskrise (ab 1929) nicht ausgelegt war. Die gesetzliche Pflegeversicherung gibt es seit 1995. Zu Leistungskürzungen kam es dagegen bei zahlreichen Gesundheitsreformen seit den 1980er-Jahren. Zum 1. 1. 2001

z. B. wurde die Berufsunfähigkeitsrente für alle gestrichen, die bis zu diesem Zeitpunkt keinen Anspruch auf sie erworben hatten.

Spieltheorie

mathematische Methode, mit der das Handeln sich gegenseitig beeinflussender Akteure (Personen oder Organisationen, z. B. Unternehmen oder Staaten) untersucht wird.

Mit der S. lassen sich beispielsweise Aussagen über das Verhalten auf einem Markt mit nur wenigen, großen Anbietern (Oligopol) treffen. Auf einem Monopol-Markt kann der einzige Anbieter den Preis festlegen, auf einem Markt mit vielen kleinen Anbietern (Polypol) kann kein einzelner Akteur den Preis beeinflussen, sodass sich zumindest in der Theorie (vollkommener → Markt) ein Anbieter am besten dem vorherrschenden Preis anpasst: Ein niedrigerer Preis führt lediglich zu weniger Einnahmen, einen höheren ist niemand bereit zu zahlen.

Anders ist es beim Oligopol, einschließlich des Spezialfalls mit nur zwei Anbietern (Duopol). Hier wird jede Preisänderung eines Anbieters eine Reaktion des bzw. der anderen Anbieter(s) hervorrufen. Oft sind die Preise auf Oligopol-Märkten sehr starr, denn schon kleinste Änderungen können eine Kettenreaktion von Gegenmaßnahmen auslösen und in einem für alle Beteiligten ruinösen Preiskampf enden. Die beste Entscheidung lässt sich hierbei nicht durch mathematische Optimierung finden, sondern sie entspringt der Wahl einer optimalen Strategie – die allerdings auch auf Annahmen darüber beruht, welche Strategie die anderen »Spieler« wählen. Einen wichtigen Beitrag zur S. leistete John Forbes Nash (* 1928, † 2015, bekannt auch durch den Film »A Beautiful Mind« aus dem Jahr 2001) mit dem Nash-Gleichgewicht: einer Kombination von Strategien, bei der es für keinen der beteiligten Akteure sinnvoll ist, seine Strategie zu ändern. Dies gibt den Akteuren eine gewisse Orientierung, wofür Nash 1994 mit dem → Nobelpreis für Wirtschaftswissenschaften ausgezeichnet wurde.

Eine naheliegende Möglichkeit, die Preise auf Oligopol-Märkten risikolos zu erhöhen, wäre die Kooperation (→ Gefangenendilemma) in Form von Preisabsprachen oder Kartellbildung. Da diese den Anbietern die Durchsetzung hoher Preise auf Kosten Dritter (der Nachfrager) ermöglicht, ist sie verboten und führt, wenn sie entdeckt wird, oft zu hohen Strafzahlungen. Trotzdem sind Oligopole besonders »anfällig« für wettbewerbsbeschränkende Absprachen zwischen den Anbietern.

Sportverbände, internationale

weltweit agierende Dachverbände nationaler Sportorganisationen. Viele von ihnen sind geradezu Musterbeispiele des → Macchiavellismus:

Nach außen – gegenüber Staaten – verhalten sie sich wie multinationale Unternehmen, indem sie die Politik zu maximalen Zugeständnissen (etwa bei der Besteuerung) zwingen, um als Standort für die begehrten internationalen Sportereignisse überhaupt infrage zu kommen. Nach innen – innerhalb ihrer Spitzenfunktionärsebene – ist sichergestellt, dass alle an ihren kreativen Geschäftspraktiken beteiligt sind. Wer immer dagegen vorgehen wollte, würde dadurch selbst als Erster gestürzt.

Nach unten – gegenüber den Sportlern, die das privilegierte Leben der Funktionäre erst ermöglichen, es aber keinesfalls hinterfragen oder gar selbst Ansprüche stellen sollen – besitzen die Verbände moralisch überpinseltes Erpressungspotenzial: die Möglichkeit, einzelnen Sportlern die Karriere und ihren Traum von großen Sportereignissen und Titeln zu zerstören. Nachdem der Amateurparagraph nicht mehr durchzuhalten war, weil nahezu alle Spitzensportler Geld verdienten und die Willkür bei seiner Anwendung zu offensichtlich wurde (abgeschafft 1981), wurde er durch den »Kampf gegen Doping« ersetzt. Aber auch der hat seine Tücken, weil Medien und Öffentlichkeit in ihrer Naivität wirklich an dessen moralische Motiviertheit glauben, was für einige Sportarten existenzgefährdend wurde. Vielleicht werden also schon bald Sportler nicht mehr (wie früher) wegen eines Benefizspiels in einem bedruckten T-Shirt – Beispiel Karl Schranz, 1972 – oder (wie heute) wegen Einnahme des falschen Hustensafts, sondern wegen eines inkriminierten Postings in einem sozialen Netzwerk gesperrt. Oder aus anderen Gründen, die wir uns heute noch gar nicht vorstellen können.

Stakeholder Value

(stakeholder, dt. Interessen-/Anspruchsgruppen), Nutzen aus der Tätigkeit eines Unternehmens für sämtlichen Personen oder Gruppen, die von der unternehmerischen Aktivität betroffen bzw. an ihr beteiligt sind. Im Gegensatz zum → Shareholder Value, das einseitig auf die Interessen der Eigentümer (Aktionäre) ausgerichtet ist, berücksichtigt der S.-V.-Ansatz z. B. auch die Ansprüche von Management, Mitarbeitern und Gewerkschaften, Kunden und Lieferanten, Fremdkapitalgebern, Kommune, Region, Staat und Öffentlichkeit (z. B. Umweltschutz).

Die große Anzahl unterschiedlicher Anspruchsgruppen sollte nicht darüber hinwegtäuschen, dass der vielleicht entscheidende Interessengegensatz gar nicht zwischen den unterschiedlichen Gruppen besteht, sondern sich mitten durch diese zieht: der Gegensatz zwischen langfristigen und kurzfristigen Interessen. Ein langfristiges Interesse am Firmenwohl haben z. B.: Aktionäre, die im Rahmen ihrer Altersvorsorge oft über Jahrzehnte investieren; Mitarbeiter, die zum Teil ihr gesamtes Arbeitsleben (und manchmal über Generationen hinweg) bei einem Unternehmen arbeiten; Kunden und Lieferanten mit zum Teil jahrzehntelangen Geschäftsbeziehungen; die Gemeinde, die in dem Unternehmen einen dauerhaften Arbeitgeber und Steuerzahler hat. Dagegen stehen Manager, die nur wenige Jahre bei einem Unternehmen arbeiten und diese Zeit nutzen, kurzfristig spekulierenden Großinvestoren schnelle Gewinne zu sichern und dafür mit Bonus-Millionen aus der Firmenkasse belohnt werden. Und Politiker, die ebenfalls nur die wenigen Jahre ihrer politischen Karriere im Blick haben, schauen zu.

Eine Abkehr vom Shareholder Value muss nicht mit einer Entwertung des Eigentumsbegriffs verbunden sein. Allerdings könnte dem Denkmodell des Eigentums eine Befreiung von turbokapitalistischen Okkupierungsversuchen durchaus guttun. Wir könnten Eigentum definieren als ein Verhältnis zwischen Personen und Sachen, das in der Regel (viele) Jahre, manchmal über Generationen besteht – nicht wenige Monate oder sogar nur Sekundenbruchteile. Zudem sollten wir wieder stärker hervorheben, dass Eigentum zur Orientierung am Wohl der Allgemeinheit (Artikel 14, Absatz 2 GG) und zur pfleglichen Behandlung verpflichtet. Das Geschäftsmodell, Unternehmen zu kaufen, um sie in möglichst kurzer Zeit auszupressen, sollte nicht länger durch den Eigentumsbegriff gedeckt werden. Ebenso das Bunkern von Patenten (→ Patentrecht) lediglich zu dem Zweck, Produkte vom Markt fernzuhalten.

Steuern

ursprünglich auch Naturalleistungen (z. B. landwirtschaftliche Erzeugnisse, Frondienste), heute ausschließlich Geldleistungen, die ohne Anspruch auf Gegenleistung an ein öffentlich-rechtliches Gemeinwesen (Staat, Bundesland/Kanton, Kommune) entrichtet werden müssen. S. werden von natürlichen Personen (Menschen) und juristischen Personen (z. B. Unternehmen) erhoben.

Im modernen Staat gilt fast ausnahmslos das Nonaffektationsprinzip (auch Gesamtdeckungsprinzip). Danach sind S. nicht zweckgebunden; sie dienen als Einnahmen öffentlicher Haushalte unabhängig von ihrer Herkunft zur Deckung der öffentlichen Ausgaben (Gegenteil: Fondsprinzip).

Die wirklich Mächtigen einer Gesellschaft erkennt man systemübergreifend daran, dass sie trotz überdurchschnittlicher Einkünfte keine oder nur minimale S. zahlen.

Steueroase

auch Steuerparadies, ein Staat (oder Gebiet) mit sehr niedrigen → Steuern auf Einkommen und Vermögen. Das macht es für Privatpersonen und Unternehmen interessant, ihren Wohn- bzw. Firmensitz dorthin zu verlegen. Neben Steuerersparnis kann auch die Verschleierung von Geldströmen ausschlaggebend für die Nutzung einer S. sein. Die S. als in der Regel sehr kleiner Staat profitiert davon, weil auch ein minimaler Steuersatz auf Profite aus ungleich größeren Wirtschaftsgebieten für sie eine riesige Einnahme darstellt.

Der Verlust an Steuereinnahmen, der dem Herkunftsland durch die Übersiedlung von Privatpersonen in S. entsteht, ist zwar schmerzlich, aber vergleichsweise verkraftbar. Denn für die Anerkennung des (Erst-)Wohnsitzes kann zur Auflage gemacht werden, dass die Person dort tatsächlich mehr als die Hälfte des betreffenden Jahres verbringt. Das lohnt sich nur für wenige (wenn auch dann meist sehr reiche) Menschen, und es kommen dafür nur S. in erreichbarer Nähe des eigentlichen Lebensmittelpunkts in Frage.

Viel dramatischer ist die Nutzung von S. durch Unternehmen und Konzerne. Ihnen genügt die satzungsmäßige Übersiedlung des Firmensitzes in eine S., auch wenn sie dort keinerlei Produktionsstätten und noch nicht einmal den Verwaltungssitz unterhalten. Selbst die Bezeichnung »Briefkastenfirma« ist eine maßlose Übertreibung, wenn Tausende Unternehmen unter derselben Adresse gemeldet sind, aber dort noch nicht mal einen Briefkasten, Telefon- oder Internetanschluss besitzen. Nach internationalem Recht müssen Staaten machtlos zusehen, dass sich Konzerne auf diese Weise rechtlichen Standards inklusive der Steuerpflicht entziehen (→ Globalisierung).

Subsidiarität

Prinzip, nach dem die Entscheidungskompetenz auf der möglichst niedrigen Ebene eines Staates oder einer Organisation angesiedelt sein soll. Die S. kann als vertikale Gewaltenteilung angesehen werden. Sie ist ein wichtiges Ziel der föderalen Staats- und der marktwirtschaftlichen Wirtschaftsordnung.

Das Prinzip der S. soll die Eigenverantwortung des Individuums oder einer Gruppe stärken und eine Machtentfaltung über die Köpfe der Menschen hinweg verhindern. Erst wenn eine Ebene eine Entscheidung nicht mehr oder nur noch unter un-

angemessen hohem Aufwand treffen kann, wird eine höhere Ebene damit betraut. So wird die Entscheidung, ob ein neuer Spielplatz gebaut werden soll, in der Regel am besten in der betreffenden Stadt oder dem Stadtteil getroffen. Die Außenpolitik ist auf Ebene des Staates angesiedelt, während die globale Erderwärmung – wenn überhaupt – wohl nur durch internationale Abkommen oder Organisationen erfolgreich bekämpft werden kann.

Eine Bedrohung für die S. geht nicht nur von der Neigung oberer Ebenen aus, Kompetenzen an sich zu ziehen. Wichtige Voraussetzungen der S. sind auch das Konnexitätsprinzip, nach dem die für eine Aufgabe zuständige Ebene auch für deren Finanzierung zuständig ist (»Wer bestellt, bezahlt.«), und eine möglichst weit reichende finanzielle Autonomie (→ Budgetrecht) jeder Entscheidungsebene. Das Recht einer Stadt, den Bau von Spielplätzen zu beschließen, ist nur theoretischer Natur, wenn sie dazu beim Regierungsbezirk oder Bundesland um Zuschüsse betteln muss. Oder wenn sie ständig von Bund und Land Aufgaben übertragen, die Kosten aber nur unzureichend erstattet bekommt, wodurch immer mehr Kommunen ohne eigenes Verschulden in eine finanzielle Schieflage geraten, die ihren Spielraum weiter einengt. Weiter zurückgedrängt wird ihr ohnehin ungenügender Einfluss auf ihre eigenen Finanzen durch erzwungene Querfinanzierung finanzschwacher Städte (sog. kommunaler → Soli) und durch den ganz offen ausgeübten Druck auf die Gemeinden, ihren rechtlich vorgesehenen Spielraum beim Hebesatz der Gewerbesteuer nicht auszunutzen.

Wenn als Reaktion auf Finanznöte der Staat gnädig ein paar Fördertöpfe einrichtet, gibt er damit den Kommunen zwar einen Teil des fehlenden Geldes, nicht aber die Entscheidungsgewalt zurück. Denn nicht die Bürger haben das letzte Wort, ob ihre Stadt einen Radweg baut, sondern Politiker und Bürokraten der Bundes- oder Landeshauptstadt, bei denen er untertänigst beantragt werden muss.

Subsistenzwirtschaft

urtümliche Form des Lebens und Wirtschaftens, vorwiegend auf die Produktion der zum Leben notwendigen Güter (durch Urproduktion: Land- und Forstwirtschaft, Fischerei, Jagd u. a.) ausgerichtet. Auch wenn eventuelle Überschüsse gegen andere Güter eingetauscht werden können, wird der Lebensunterhalt vorwiegend durch selbst erarbeitete Güter bestritten.

Schon immer gab es Herrscher und Eroberer, die Menschen gezwungen haben, einen Teil ihrer (v. a. landwirtschaftlichen) Erträge als Steuern, Tribute o. Ä. an sie abzutreten.

Selten haben sich dabei die Mächtigen darum geschert, ob sie die Betroffenen damit in existenzielle Not stürzten. Mitunter haben sie diese Not bewusst heraufbeschworen, um → Angst und Schrecken zu verbreiten und ihre Macht zu festigen.

Die westliche Zivilisation hat diese Herrschaftspraktiken nicht etwa abgeschafft, sondern vervollkommnet. So haben die europäischen Staaten die den Bewohnern ihrer Kolonien auferlegten Tribute bewusst als Geldbeträge erhoben und eine Zahlung in Naturalien nicht akzeptiert. Dadurch zwangen sie die Menschen zumindest für einen Teil des Jahres in Lohnarbeit, was nach und nach die S. zurückdrängte und die Bewohner der Kolonien in die wirtschaftliche Abhängigkeit der Kolonialmacht trieb. Während man sich von früheren Despoten oder Fremdherrschern, nachdem man sie vertrieben hatte, erholen konnte, wirkt die Zerstörung der S. bis heute nach. Die ehemaligen Kolonien blieben davon abhängig, Produkte für »den Weltmarkt« (was meist bedeutet: für die ehemaligen Kolonialmächte) zu produzieren.

Dies betrifft nicht nur die Bewohner ferner Kontinente. In einem Akt der »inneren Kolonisation« wurde auch im westlichen Kulturkreis die S. zurückgedrängt. Viele abgelegene Regionen, etwa kleine Inseln oder Almen, die jahrhundertelang Menschen genug zum Leben boten, sind heute unbewohnt – unbewohnbar gemacht nicht durch ökologische Zerstörung, sondern durch die Notwendigkeit, weit über die Erfordernisse einer S. hinaus zu produzieren und die Überschüsse auf »dem Markt« gegen → Geld einzutauschen, um Steuern zahlen zu können.

Subventionen

(von lat. subveniere: zu Hilfe kommen), staatlicher Eingriff in den Markt durch → Transferleistungen an Unternehmen. Ziel der S. kann es sein, die Empfänger zu einem bestimmten Tun oder – etwa aus ökologischen Gründen – Unterlassen zu bewegen. Sie werden auch eingesetzt, damit politisch erwünschte, aber defizitäre Tätigkeiten wirtschaftlich möglich gemacht werden können. S. können sinnvoll sein, um neue Technologien »anzuschieben«, Unternehmen über eine wirtschaftlich schwierige Zeit zu retten oder sie dienen der → Internalisierung (positiver) externer Effekte.

Weil S. vom Staat an Unternehmen, → Steuern von Unternehmen an den Staat gezahlt werden, werden S. auch als »negative Steuern« bezeichnet. Was fiskalisch korrekt sein mag, täuscht aber darüber hinweg, dass es nicht unerheblich ist, ob der Staat ein Ziel durch Steuern oder S. zu erreichen versucht. Zwar scheint es von der Wirkung her egal zu sein, ob etwa der Staat eine »Strafsteuer«

auf Autos mit hohem Benzinverbrauch erhebt oder ob er Autos mit niedrigem Benzinverbrauch durch S. in gleicher Höhe fördert. Jedoch beeinflusst die Entscheidung zwischen Steuern und S. auch die Finanzkraft der Unternehmen, was – ähnlich wie beim → Coase-Theorem – nicht ohne Auswirkung bleibt.

Der Unterschied zeigt sich bei einer → dynamischen (mehrere Zeitperioden betrachtenden) Analyse. Hier können S. sogar das Gegenteil des Gewünschten bewirken. Eine Steuer auf (hohen) Benzinverbrauch verteuert Autos dauerhaft und beschleunigt dadurch die Suche nach alternativen Antriebstechniken, dagegen verbilligen S. auf niedrigen Benzinverbrauch Autos mit Verbrennungsmotor. Kurzfristig würde zwar das Ziel erreicht, »Dreckschleudern« aus dem Verkehr zu ziehen und sie durch moderne, sparsamere Modelle zu ersetzen. Langfristig kann eine solche S. die Entwicklung z. B. von Solar- oder Elektro-Autos sogar behindern. Bildlich gesprochen können S. den »nächsten Schritt« beschleunigen, fördern dann aber ein Verharren auf der erreichten (subventionierten) Stufe.

systemrelevant

Bezeichnung für Unternehmen, oft Banken, die für das Wirtschaftssystem zu wichtig sind (engl.: »too big to fail«), als dass die Politik ihr Verschwinden zulassen könnte. Folglich werden sie im Falle einer Insolvenz durch Steuergelder »gerettet« und haben damit die Zauberformel »Privatisierung der Gewinne, Sozialisierung der Verluste« mit Absegnung der politischen Entscheidungsträger zu ihrem Geschäftsmodell gemacht.

Eine Politik, die ihre Rolle noch nicht auf die einer Erfüllungsgehilfin des Finanzkapitals reduziert hat, hätte durchaus Möglichkeiten, Unternehmen zu »retten« und gleichzeitig Gestaltungswillen zu demonstrieren: 1.) finanzielle Hilfen für Unternehmen, die durch Misswirtschaft in eine Schieflage geraten sind, nur gegen Übernahme eines angemessenen Aktienpakets dieses Unternehmens; 2.) Nutzung der Aktionärsstimmrechte zur Schaffung einer sozialverträglichen Unternehmenskultur – vor allem Abschmelzung absurder Spitzengehälter und Bonus-Anreize; 3.) wenn sich das Unternehmen wieder in ruhigen Fahrwassern befindet, werden die übernommenen Aktien, günstigstenfalls mit Gewinn, wieder verkauft.

In der Praxis dienen staatliche »Rettungsgelder« allerdings in der Regel dazu, die Auszahlung sieben- bis achtstelliger Spitzengehälter zu sichern und »gerettete« Finanzinstitute möglichst schnell in die Lage zu versetzen, erneut mit hochriskanten Geschäften die Stabilität des Wirtschaftssystems zu unterminieren.

In der Schweiz wurde »systemrelevant« 2013 zum → Unwort des Jahres gekürt. Die Begründung der Jury: »Tanzt ein Geldinstitut dem Rechtssystem lange genug auf der Nase herum, wird es für systemrelevant erklärt.«

TARGET2

(Abk. für irgendein Namens-ungetüm), Zahlungsverkehrssystem innerhalb der Eurozone.

Wird von einem Konto A in A-Land eine Überweisung auf ein Konto B in B-Land getätigt, dann »fließt« das Geld nicht wirklich von Konto A auf Konto B. Der Betrag verschwindet von Konto A, und die Notenbank von A-Land erhält eine Verbind-lichkeit gegenüber der Europäi-schen Zentralbank (EZB). Die No-tenbank von B-Land überweist den Betrag auf das Konto B und erwirbt dadurch eine Forderung gegenüber der EZB.

Würden die Salden dieser Forderun-gen regelmäßig ausgeglichen, wäre dies keiner Rede wert – und keines Artikels in diesem Buch. Doch die Forderungen der Bundesbank an die EZB aus TARGET2 beliefen sich am 30. November 2015 auf rund 592,5 Milliarden Euro. Über eine halbe Billion Euro und fast das Doppelte des Bundeshaushalts werden also im Rahmen eines Buchungssystems de facto an andere Staaten verliehen, mit allen damit verbundenen Risi-

ken, insbesondere der Zahlungsun-fähigkeit des verschuldeten Landes. Und das außerhalb der öffentlichen Wahrnehmung und ohne parlamen-tarische Entscheidung.

The Corporation

kanadischer Dokumentarfilm aus dem Jahr 2003 (Regie: Mark Achbar, Jennifer Abbott; Drehbuch: Joel Ba-kan, Harold Crooks, Mark Achbar) über das Verhalten von Großkon-zernen.

Weil Unternehmen in unserem Rechtssystem als (juristische) Perso-nen gelten, geht der Film der Frage nach, um welche Art von Perso-nen es sich dabei handelt. Das we-nig beruhigende Ergebnis: Die gro-ßen Konzerne – die heute eine so umfassende Macht über die Men-schen besitzen wie in früheren Epo-chen Kirche, Könige oder kommu-nistische Parteien – weisen sämtliche Persönlichkeitsmerkmale klinischer Psychopathen auf. Anhand zahlrei-cher Beispiele beschreibt der Film das Handeln der Konzerne und des-sen schädliche Auswirkungen. Über die aus den Medien schon bekannten ökologischen und sozialen Katastro-phen hinaus zeigt T. C. die dahinter-stehenden Strategien auf. Dazu ge-hört die bereits im Kleinkindalter beginnende Steuerung der mensch-lichen Wahrnehmung, das Vordrin-gen in öffentliche Räume unter Zu-rückdrängung der Demokratie, der

Wettlauf um die Patentierung biologischen Erbguts und die »Privatisierung« – eigentlich Okkupierung – unseres Planeten einschließlich unserer Lebensgrundlagen.

T. C. lässt Vertreter der Unternehmen genauso wie ihre Kritiker zu Wort kommen. Der Film zeigt auch Beispiele erfolgreichen Widerstands gegen Konzerne, etwa im »Wasserkrieg von Cochabamba« (→ Wasser). Und er thematisiert die gerade angesichts der Bedeutung von Präzedenzfällen im angelsächsischen Recht fatale Auswirkung einzelner Gerichtsurteile wie desjenigen, das Unternehmen den Status von Personen zuerkannte, und desjenigen, das erstmals die Patentierung von Erbgut erlaubte.

Da offenbar niemand die Zeit und das Geld investierte, T. C. zu synchronisieren, ist dieser mit zahlreichen internationalen Preisen ausgezeichnete Dokumentarfilm auch nach über einem Jahrzehnt nicht auf Deutsch, sondern nur mit deutschen Untertiteln erhältlich.

TINA

gebildet aus den Anfangsbuchstaben von »there is no alternative«, eines Slogans der britischen Premierministerin Margaret Thatcher (* 1925, † 2013), steht das TINA-Prinzip für einen phantasielosen, technokratischen Politikstil. In Deutschland hat es sein Pendant »alternativlos« 2010 hochverdient zum → Unwort des Jahres gebracht.

Die Beschwörung von Alternativlosigkeit ist aus mehreren Gründen bedenklich. Erstens ist sie Ausdruck einer sehr einseitigen Perspektive. An einen einzigen Lösungsweg glaubt nur, wer ein einziges, höchstes Politikziel verfolgt (bei den Verfechtern des TINA-Prinzip bislang meist radikaler Wirtschaftsliberalismus) und alles andere nur zulässt, sofern es nicht stört. Wer dagegen mehrere konkurrierende Ziele akzeptiert, wägt unterschiedliche Lösungswege ab und berücksichtigt die Verhältnismäßigkeit. Zweitens passt Alternativlosigkeit eher in eine Diktatur als in eine Demokratie, denn sie erzeugt einen starken Druck auf die Politik, den Entscheidungsprozess weitestmöglich abzukürzen, indem auf Debatten, Änderungsvorschläge, Überarbeitungen und Abstimmungsverfahren verzichtet wird.

TiSa

Abkürzung für Trade in Services Agreement (dt. Abkommen über den Handel mit Dienstleistungen), in Verhandlung befindlicher, geplanter Vertrag zwischen der EU, den USA und 21 weiteren Staaten, der Dienstleistungen international liberalisieren und Handelshemmnisse abbauen soll.

TiSa hat vielfältige Kritik hervorgerufen. Die entzündete sich zunächst daran, dass die Verhandlungen weitgehend im Geheimen – auch ohne Beteiligung der Parlamente – ablaufen. Inhaltlich wurde beanstandet, dass vor allem Profitinteressen der Konzerne in das Abkommen einfließen. Durch Privatisierung würden zahlreiche öffentliche Dienstleistungen – wozu auch Krankenhäuser oder die Trinkwasserversorgung (→ Wasser) gehören können – unter die Kontrolle privater Unternehmen geraten, die nicht mehr der Allgemeinheit, sondern nur ihrem eigenen Profit verpflichtet sind. Zudem würde aufgrund des Abkommens eine vorgenommene Privatisierung nicht mehr rückgängig zu machen sein. Besorgnis erregte ebenfalls, dass die betreffenden Unternehmen dann keinen Sitz mehr in der EU haben müssten und somit juristisch nicht zu belangen wären. Auch Datenschutz wäre nicht mehr gewährleistet, wenn sich das Unternehmen einen Standort mit geringen Schutzbestimmungen wählt.

Tobin-Steuer

von dem US-amerikanischen Wirtschaftswissenschaftler James Tobin (* 1918, † 2002) im Jahr 1972 vorgeschlagene Finanztransaktionssteuer auf internationale Devisentransaktionen. Nach dem Ende des Systems der festen Wechselkurse (Bretton-Woods-Abkommen, 1944) sollte durch eine auf jedes Devisengeschäft erhobene geringe Steuer die kurzfristige Spekulation verteuert und damit eingedämmt werden. Tobins Ziel (neben der Erzielung von Steuereinnahmen) war es, spekulationsbedingte Wechselkursschwankungen der Währungen zu verringern, um den Einfluss der Realwirtschaft auf die Kursentwicklung zu stärken.

Die T. würde langfristige Investments (z. B. im Rahmen der privaten → Altersvorsorge) nur minimal verteuern, während kurzfristige Spekulanten (z. B. im Rahmen des → Hochfrequenzhandels) stärker zur Kasse gebeten würden. Ein entscheidender Nachteil ist allerdings, dass sie nur im internationalen Rahmen eingeführt werden kann. Würde sie nur in einigen Ländern erhoben, könnten Spekulanten ihre Transaktionen sofort an Börsen anderer Länder (natürlich auch in → Dark Pools) verlagern.

1998 stand die T.-S. Pate bei der Gründung der globalisierungskritischen Organisation Attac. Deren Name ist eine Abkürzung des französischen »Vereinigung zur Besteuerung von Finanztransaktionen im Interesse der Bürger«. In einer 2002 veröffentlichten Machbarkeitsstudie wurde die T.-S. durch den deutschen Volkswirtschaftler Paul Bernd Spahn (* 1939) weiterentwickelt, aber bislang noch nicht eingeführt.

Transferleistungen

im weiteren Sinne alle Leistungen, die ohne Gegenleistung oder zu einem nicht kostendeckenden Preis erbracht werden, z. B. Spenden, der Länderfinanzausgleich oder das Recht, eine staatliche Bildungseinrichtung zu nutzen;

im engeren Sinne vom Staat gezahlte Subventionen und Sozialleistungen. Da T. fiskalisch betrachtet negative → Steuern sind (siehe negative → Einkommensteuer), können sie auch in Steuervergünstigungen bestehen (zur Problematik, T. als negative Steuern zu betrachten, siehe → Subventionen).

TTIP

Abk. für Transatlantic Trade and Investment Partnership (dt. Transatlantische Handels- und Investitionspartnerschaft), geplantes Freihandels- und Investitionsschutzabkommen zwischen der Europäischen Union und den USA.

Der wohl gravierendste unter den zahlreichen Kritikpunkten an TTIP ist der, dass der geplante Investitionsschutz (siehe → Investitionsschutzabkommen) weit über das hinausgeht, was man als berechtigtes Interesse ausländischer Investoren – z. B. Schutz vor Enteignung – ansehen könnte. Jedes Handeln der demokratisch gewählten Regierungen und Parlamente (z. B. Umwelt- und Trinkwasserschutz, Verbesserung der Arbeitsbedingungen) könnten Konzerne zum Anlass nehmen, mit der Begründung entgangener Gewinne den betreffenden Staat vor einem Schiedsgericht zu verklagen, das keinerlei demokratischer Kontrolle unterliegt. Schon die → Angst vor einem solchen Verfahren würde vermutlich die Politik davon abhalten, irgendeine Entscheidung zu treffen, die auch nur entfernt die Überlebensgrundlagen der Bürger vor der → Gier der Konzerne schützen würde. Den Konzernen wird dadurch die Möglichkeit gegeben, immer wieder auf staatliche Gelder zuzugreifen. Durch Bündelung mehrerer (einzeln im Ausgang ungewisser) Klageverfahren zu Wertpapieren profitieren davon auch Finanzinvestoren.

Dass TTIP trotz seiner einschneidenden Bedeutung selten an hervorgehobener Stelle in den Nachrichten erscheint, ist schlicht und ergreifend Pech. Seit Mitte 2013 die Verhandlungen begannen, gab es einfach immer Wichtigeres zu vermelden: Griechenland-Krise, Ukraine-Krise, Fußball-→ Weltmeisterschaft, Ebola, Pegida-Märsche, Charlie Hebdo, nochmal Griechenland-Krise, Flüchtlinge, »Köln«. Da landen eben 250 000 Menschen, die irgendwo östlich von Potsdam gegen TTIP demonstrieren, unterhalb der Aufmerksamkeitsschwelle.

Anfang 2016 wurde es Bundestags-abgeordneten erlaubt, für je zwei Stunden in einem Leseraum des Bundeswirtschaftsministeriums Teile der Verhandlungsdokumente zu TTIP einzusehen. Unter Aufsicht und nach Abgabe ihrer Mobiltelefone, damit keine Dokumente per Foto an die Öffentlichkeit geraten können. Dagegen erfolgte selbst der Bau einer Umgehungsstraße in Douglas Adams' (* 1952, † 2001) »Per Anhalter durch die Galaxis« unter geradezu vorbildlicher Transparenz.

Aktuell: Im Mai 2016 veröffentlichte die Umweltschutz-Organisation Greenpeace bis dahin geheime Dokumente über die Verhandlungen zu TTIP. Nach dem ersten Eindruck soll alles mindestens so schlimm werden, wie von den Kritikern befürchtet – aber das können Sie ja jetzt selbst recherchieren. Stand 2. 5. 2016 wage ich zwei Prognosen: Alle maßgeblichen deutschen Politiker werden unverändert, vielleicht noch etwas hektischer als bisher am Zustandekommen von TTIP arbeiten. Und binnen weniger Wochen wird eine neue Krise alle öffentliche Aufmerksamkeit absorbieren.

umstritten

Attribut für Personen, die eine unliebsame Wahrheit ausgesprochen haben. Wenn man es geschafft hat, dass ein Wissenschaftler, Politiker oder Publizist in jedem Zeitungsartikel, jeder TV-Moderation und in den von Suchmaschinen favorisierten Internetseiten nur noch als »umstrittener« Wissenschaftler, Politiker bzw. Publizist bezeichnet wird, löst das bei allen auf ihre Rechtschaffenheit bedachten Menschen den Spiel-nicht-mit-den-Schmuddelkindern-Reflex aus. Ohne dass es eines einzigen fundierten Arguments bedarf, ist die betreffende Person in der öffentlichen Debatte unschädlich gemacht (→ argumentum ad hominem).

Umweltökonomie

die Betrachtung von Umweltproblemen aus wirtschaftlicher Sicht bzw. ihre Lösung mit wirtschaftlichen Methoden; als Teilgebiet der Wirtschaftswissenschaften heißt sie Umweltökonomik. Oft wird unterschieden zwischen U. und Ressourcenökonomie. Während die U. die

Emission schädlicher Stoffe in Atmosphäre, Wasser oder Boden untersucht, behandelt die Ressourcenökonomie den Verbrauch von Rohstoffen. Ziel umweltökonomischer Betrachtungsweisen ist in der Regel → Nachhaltigkeit.

Die Eignung ökonomischer Ansätze zur Lösung von Umweltproblemen ergibt sich daraus, dass der Kern allen Wirtschaftens immer der Umgang mit → Knappheit ist. Und Knappheit bildet auch das Grundproblem aller Umweltprobleme, etwa die begrenzte Aufnahmefähigkeit der Umwelt für Schadstoffe, die endliche Menge nichterneuerbarer Rohstoffe oder die maximale Regenerationsgeschwindigkeit nachwachsender Rohstoffe. Außerdem entstehen Umweltprobleme oft durch wirtschaftliche Betätigung, und die Lösung sollte sinnvollerweise am Ursprungsort des Problems ansetzen.

Ein zentrales Ziel der U. ist die → Internalisierung externer Effekte, bei der jeder für die nützlichen und schädlichen Konsequenzen seiner Handlungen gleichsam die Rechnung präsentiert bekommt. Die vorhandenen Instrumente der Umweltpolitik sind von diesem Ziel mehr oder weniger weit entfernt. Sie konzentrieren sich meist darauf, schädliche Emissionen zu verteuern, zumindest in der Höhe zu begrenzen und die Ausbeutung natürlicher Ressourcen zu reduzieren. Wichtige

Mittel der Politik sind u. a. Auflagen (Emissions-Höchstwerte), Abgaben (quasi eine Emissionssteuer, proportional zur Menge), Zertifikate (handelbare Emissionsrechte), Schadens- oder Gefährdungshaftung.

Unwort des Jahres

erstmals 1991 in Deutschland von der Gesellschaft für Deutsche Sprache verliehene Auszeichnung für »sachlich grob unangemessen[e]« und »möglicherweise sogar die Menschenwürde verletzen[de]« Wörter und Formulierungen. In Österreich wird seit 1999 ein U. d. J. gekürt, Liechtenstein und die Schweiz zogen 2002 bzw. 2003 nach.

Auch Wörter aus dem Themengebiet Wirtschaft werden bisweilen als U. d. J. ausgewählt, so etwa 2008 in Österreich der → Euphemismus »Gewinnwarnung«, 2013 in der Schweiz das zynische »→ systemrelevant«. In Deutschland stammt fast die Hälfte der als U. d. J. inkriminierten Wörter aus den Bereichen Wirtschaft und Sozialpolitik. Manches davon sicherlich zu Recht, etwa die abschätzige Bezeichnung eines Verlusts von 50 Millionen DM als »Peanuts« (U. d. J. 1994) durch den Deutsche-Bank-Vorstandssprecher Hilmar Kopper (* 1935) oder das unfassbare Wort »Wohlstandsmüll« (U. d. J. 1997) des Nestlé-Verwaltungsratspräsidenten Helmut Maucher (* 1927) als Bezeichnung für arbeitsunwillige oder -unfähige Menschen. Aber musste die polemische Kritik an einer geplanten Gesundheitsreform mit der bewusst überzeichnenden Formulierung »sozialverträgliches Frühableben« gleich als U. d. J. (1998) getadelt werden? Jedes gute politische Kabarett würde dann Unworte für mindestens ein Jahrzehnt liefern. Auch die griffige Formel »Ich-AG«, unter der ein Programm firmierte, Arbeitslosen durch einen Existenzgründungszuschuss den Schritt in die Selbständigkeit zu ermöglichen, wurde als U. d. J. (2002) gebrandmarkt (und war damit offenbar menschenverachtender als die Bezeichnungen »Ausreisezentrum« für ein Abschiebelager und »Zellhaufen« für einen menschlichen Embryo). Starke Kritik erfuhr die Auswahl des Begriffs »Humankapital« (2004), da dieser gerade nicht, wie die Jury meinte, Menschen zu »nur noch ökonomisch interessanten Größen« herabsetzen, sondern im Gegenteil die Bedeutung der Mitarbeiter für ein Unternehmen hervorheben will, damit diese nicht nur als Kostenverursacher angesehen werden.

Wir haben allen Grund, den Handelnden in Wirtschaft und Politik genau auf die Finger zu sehen und dabei auch ihren oft verschleiernden und beschönigenden, manchmal menschenverachtenden Sprachgebrauch unter die Lupe zu nehmen. Nur bedingt hilfreich ist dabei aber eine Sprachjury, die den Anschein erweckt, schon Schaum vor dem Mund zu haben, wenn sie nur an Wirtschaft denkt.

Utilitarismus

ein ethischer Ansatz, der eine Handlung daran bemisst, dass der Nutzen (bzw. das Wohlergehen, das Glück) aller Betroffenen maximal ist – oft kurz auf die Formel gebracht: »das größte Glück der größten Zahl«. Entwickelt wurde der U. von den englischen Philosophen Jeremy Bentham (* 1748, † 1832) und John Stuart Mill (* 1806, † 1873).

Eine Stärke des U. ist, dass er Ansatzpunkte zum Handeln in moralischen Dilemma-Situationen bietet – z. B.: Das Leben vieler Menschen ist nur zu retten, indem man den Tod eines anderen, an dieser Situation unschuldigen Menschen in Kauf nimmt. Die Bedeutung des U. ergibt sich u. a. daraus, dass politisches Handeln sehr häufig von moralischen Dilemmata geprägt ist, wobei es oft nicht um Leben und Tod geht, aber um die Verwendung der stets knappen Mittel, die nicht für die Umsetzung aller erstrebenswerten Ziele ausreichen. Die Nähe des U. (und von Moral allgemein) zur Ökonomie wird deutlich, wenn man sich bewusst macht, dass jedes Wirtschaften ein Umgang mit → Knappheit ist – und Knappheit im Kern nichts anderes als ein moralisches Dilemma.

Der U. kann also helfen, in einem moralischen Dilemma nicht dogmatisch, sondern nüchtern abwägend zu entscheiden, es bleibt aber ein Dilemma. Zur Gefahr wird der U., wenn die handelnden Menschen sich durch seine Anwendung dazu verführen lassen, moralische Dilemmata gar nicht mehr wahrzunehmen, sondern diese rein technokratisch als Rechenaufgaben mit dem Ziel der Glücksmaximierung betrachten. Bei einer solch mathematisch-technischen Herangehensweise an politische und ökonomische Fragen werden die Opfer des Handelns empathielos zum »Kollateralschaden« erklärt, über den kein fortschrittlicher Geist große Worte verliert, so lange nur die Gesamtbilanz stimmt.

Ein weiterer Kritikpunkt ist der, dass das Glücksversprechen des U. Gefahr laufe, in die Utopie oder eine »wohlwollende Diktatur« abzugleiten. Der österreichisch-britische Philosoph Karl Popper (* 1902, † 1994) schlug daher einen negativen U. vor, der sich nicht an der Maximierung von Glück, sondern umgekehrt an der Minimierung von Unglück orientiert.

Verantwortungsethik

vom deutschen Soziologen Max → Weber (* 1864, † 1920) eingeführter Gegenbegriff zur »Gesinnungsethik«. Gesinnungsethik richtet ihr Handeln streng an – oft von einer Religion oder Ideologie vorgegebenen – Regeln aus, V. orientiert sich an den Folgen ihres Handelns.

Während die V. danach strebt, ihre moralischen Grundsätze in der realen Welt möglichst weitgehend zu verwirklichen, sind moralische Grundsätze in der Gesinnungsethik der weltlichen Sphäre absolut übergeordnet. Ein Verantwortungsethiker, von den Häschern eines Unrechtssystems nach dem Aufenthaltsort eines unschuldig Verfolgten befragt, würde die Kenntnis dieses Aufenthalts leugnen. Ein religiös motivierter Gesinnungsethiker würde, um nicht zu lügen, den Verfolgten verraten. Wenn Gott will, wird er ihn trotzdem retten. Wenn nicht, dann nicht.

Max Weber sah Verantwortungs- und Gesinnungsethik nicht als Gegensätze, sondern als zwei Pole, die beide bei politischen Entscheidungen Berücksichtigung finden sollten. Dies scheitert allerdings meist daran, dass beide Seiten kaum miteinander in ein Gespräch kommen können, das den Namen »Diskussion« verdient. Der Gesinnungsethiker erscheint dem Verantwortungsethiker als hoffnungslos naiv, da alle Appelle, die Konsequenzen von Handlungen zu bedenken, ihn nicht von der Aufrechterhaltung seiner moralischen Maximalforderungen abbringen können. Umgekehrt erscheint der Verantwortungsethiker dem Gesinnungsethiker überhaupt als unmoralisch, da er diese Forderungen nicht vorbehaltlos teilt, sondern durch Abwägung mit anderen Zielen relativiert.

Verschwörungstheorie

Versuch, real beobachtbare Zustände oder Ereignisse auf ein verborgenes, zielgerichtetes Wirken von Menschen mit einer geheimen und meist illegalen und/oder unmoralischen Agenda zurückzuführen. Anhänger von V. neigen häufig dazu, ihre Ansichten gegen Kritik zu immunisieren, indem sie mithilfe kreativer Zusatzhypothesen jede denkbare Tatsache (und auch deren Gegenteil) in ihre Gedankengebäude einbinden. Daher erfüllen viele V. nicht das Kriterium der Falsifizierbarkeit, sodass sie im Sinne des kritischen Rationalismus (Karl Popper, * 1902, † 1994)

keine Theorien sind, sondern als Verschwörungsideologien bezeichnet werden könnten.

In den letzten Jahren hat der Begriff eine inflationäre Verwendung erfahren. War er einst für eher exotische Positionen reserviert – etwa der, dass Elvis Presley (* 1935) noch lebe oder dass die erste bemannte Mondlandung 1969 nie stattgefunden habe –, so wird er heute oft bereits Menschen entgegengehalten, die die offizielle Darstellung eines Ereignisses in Frage stellen oder vor drohenden Gefahren, etwa denen von → Investitionsschutzabkommen, warnen. Der deutsche Umwelt- und Energiepolitiker Hermann Scheer (SPD; * 1944, † 2010) bezeichnete aus diesem Grund »V.« als »Todschlagsbegriff«, mit dem von tatsächlichen Verschwörungen abgelenkt werde. In diesem Fall wäre die offizielle verkündete Wahrheit eine → Beschwichtigungstheorie, die sich mit dem Generalvorwurf der V. gegen jegliche Kritik immunisiert und damit – weil nicht mehr falsifizierbar, siehe oben – eine Ideologie wäre.

Wie können wir es schaffen, im Dickicht gegenseitiger Vorwürfe der Verschwörungs- bzw. der Beschwichtigungstheorie die Orientierung und ein sachliches Diskussionsklima zu bewahren? Zunächst einmal, indem wir uns bewusst machen, dass sowohl Verschwörungstheoretiker wie Beschwichtiger handfeste eigene Interessen verfolgen können (und sei es nur Sensationslust bei Ersteren, bei Letzteren Desinteresse). Zweitens durch Zusammentragen aller verfügbaren und relevanten Informationen und drittens deren vorurteilsfreie Prüfung auf Wahrheitsgehalt (bzw. wenn dies nicht möglich ist: wenigstens Plausibilität). Danach sollte in den meisten Fällen möglich sein, zwischen einer V. und gerechtfertigte Kritik zu unterscheiden.

Versicherungen

Finanzinstitute, die Verträge mit natürlichen oder juristischen Personen abschließen, durch die diesen – den Versicherungsnehmern – gegen (meist regelmäßige) Zahlung eines Geldbetrages (Versicherungsprämie) Versicherungsschutz gewährt wird.

Bereits im Mittelalter (→ Frühkapitalismus) entstanden, zuerst in den reichen Handelsstädten Norditaliens, V., die Händler gegen das ansonsten existenzbedrohende Risiko absicherten, dass eines ihrer Handelsschiffe mitsamt der Ladung unterging. Sehr reichen Versicherern, die dieses Risiko tragen konnten, bot sich damit genau wie → Banken die Möglichkeit, mit Geld noch mehr Geld zu verdienen.

Was einem (klassischen) Bankier der → Zins ist (genauer gesagt die Differenz zwischen dem Zins, zu dem er verleiht, und dem, den er auf

Geldeinlagen zahlt), ist dem Versicherer das Gesetz der großen Zahl. Durch Berechnung der Wahrscheinlichkeit, mit der der Versicherungsfall eintritt, soll die Prämie so festgelegt werden, dass nach Zahlung aller vertraglichen Verpflichtungen noch ein Gewinn für die V. bleibt.

Nicht alle V. sind als Unternehmen auf Profit ausgerichtet. Bereits im antiken Rom gab es Lebensversicherungen, die vereinsmäßig auf Gegenseitigkeit angelegt waren. Ebenfalls nicht gewinnorientiert ist die vom Staat seit dem späten 19. Jahrhundert eingeführte → Sozialversicherung.

V for Vendetta

(dt. V wie Vendetta), Spielfilm von 2006 (USA, GB, D; Regie: James McTeigue) nach dem gleichnamigen Comic von Alan Moore und David Lloyd.

Der Film spielt im London der 2030er Jahre. Großbritannien wird von einer faschistischen Partei regiert, die die Macht erlangte, indem sie die Bevölkerung durch eine von ihr selbst entfachte, tödliche Virusepidemie in → Angst versetzte und sich dann als Lösung präsentierte. Menschen, die durch ihr Verhalten von der Parteilinie abweichen, werden gnadenlos verfolgt. Die Medien stehen unter völliger Kontrolle der Machthaber und stützen diese mit einer Mischung aus Unwahrheit, Verschweigen, Abwiegeln und Falsche-Fährten-Legen.

Der maskierte Widerstandskämpfer V, einziger Überlebender der Menschenversuche, die einst an Gefangenen mit dem tödlichen Virus durchgeführt wurden, tötet nacheinander die Verantwortlichen dieser Versuche. Seinem Aufruf zum Aufstand folgen schließlich viele Menschen, die am 5. November mit Masken des »Pulververschwörers« (1605) Guy Fawkes (* 1570, † 1606) die angekündigte Sprengung der Houses of Parliament beobachten.

Viereck, magisches

ein System aus vier volkswirtschaftlichen Zielen, die in der Bundesrepublik Deutschland 1967 mit dem Gesetz zur Förderung der Stabilität und des Wachstums der Wirtschaft (StabG) gemeinsam zum Staatsziel erklärt wurden. Sie lauten: stabiles Preisniveau, hoher Beschäftigungsstand, außenwirtschaftliches Gleichgewicht und ein angemessenes, stetiges Wirtschaftswachstum.

Die »Magie« im m. V. besteht darin, dass sich diese Ziele nicht alle gleichzeitig vollständig erreichen lassen (z. B. 0,0 % Inflation, Vollbeschäftigung etc.). Es ist möglich, allen Zielen einigermaßen nahe zu kommen. Darüber hinaus lassen sich einzelne Werte nur noch verbessern,

indem man Abstriche bei anderen hinnimmt. Umgekehrt bietet aber die Missachtung eines Zieles keine Garantie, ein anderes zu verwirklichen. Als 1972 Helmut Schmidt (* 1918, † 2015) mit dem berühmten Satz »Lieber fünf Prozent Inflation als fünf Prozent Arbeitslosigkeit.« eine Bekämpfung der Arbeitslosigkeit durch Staatsverschuldung (→ Schneeballsystem) ankündigte, kanzelte er die Kritik seines Beraters Otto Schlecht (* 1925, † 2003) folgendermaßen ab: »Dass dies fachlich falsch ist, weiß ich selbst. Aber Sie können mir nicht raten, was ich auf einer Wahlveranstaltung vor zehntausend Ruhrkumpeln in der Dortmunder Westfalenhalle zu sagen für politisch zweckmäßig halte.« Die Staatsverschuldung sollte also vor allem die Arbeitsplätze auf den Regierungsbänken sichern.

Wirtschaftswachstum und ein hoher Beschäftigungsstand sind bis heute Ziele, die in Deutschland verfolgt und einigermaßen erreicht werden. Mit großer finanzpolitischer Anstrengung wird bei absurd hoher Staatsverschuldung auch die Illusion von Preisstabilität hochgehalten. Vom Ziel des außenwirtschaftlichen Gleichgewichts hat man sich ganz verabschiedet. Gigantische Exportüberschüsse werden politisch eher als Erfolge verkauft denn als Anlass zum Gegensteuern. Volkswirtschaftlich sind Exportüberschüsse jedoch Unsinn, wenn sie nicht zur Finanzierung späterer Importüberschüsse genutzt werden; warum sparen, ohne vorzuhaben, das Ersparte jemals wieder auszugeben? Außerdem stehen Exportüberschüssen in einem Land notwendigerweise Importüberschüsse in einem anderen Land bzw. anderen Ländern gegenüber, wo sie zu wirtschaftlichen und sozialen Problemen führen können (»Beggar-thy-Neighbour-Politik«).

Vierzehn/Achtzehn

Phase von fünf aufeinanderfolgenden Jahren, in denen seit dem ausgehenden Mittelalter in fast jedem Jahrhundert (außer dem 18. Jh.) einschneidende Ereignisse der europäischen Geschichte stattfanden.

1414–1418: Das Konstanzer Konzil beendet das Große Abendländische Schisma, die seit 1378 bestehende Spaltung des christlichen Europa in verschiedene Obödienzen – Gefolgschaften gegenüber zwei, kurzzeitig sogar drei verschiedenen Päpsten. Die Absetzung aller (Gegen-) Päpste und die Wahl Papst Martins V. am 11. November 1417 stellte die religiöse Einheit des Kontinents wieder her.

1517: Am 31. Oktober veröffentlicht Martin Luther seine 95 Thesen zum Ablasshandel – auch am Portal der Wittenberger Schlosskirche. Das war der Auftakt zur konfessionellen Spaltung des christlich-lateinischen Europa.

1618: Der Prager Fenstersturz am 23. Mai löst den Dreißigjährigen Krieg (bis 1648) aus, in dem es zunächst zwischen Katholiken und Protestanten um die Vorherrschaft im Heiligen Römischen Reich Deutscher Nation geht. In seinem Verlauf wächst der Konflikt in Böhmen zu einem europäischen Krieg heran.

1814/15: Der Wiener Kongress beendet die Epoche der Französischen Revolution (seit 1789) und der Napoleonischen Kriege. Die Restauration (Wiederherstellung) der französischen Monarchie festigt die alte europäische Ordnung, sodass Monarchie und Adelsherrschaft sich noch ein weiteres Jahrhundert lang behaupten können.

1914–1918: Der Erste Weltkrieg führt zu enormen Umwälzungen in Europa. Viele neue, oft kleine Länder entstehen, was den Nationalismus befördert. Die Monarchien stürzen oder verlieren an Bedeutung. Kriegsführung und Kriegspropaganda aller Beteiligten erreichen neue Stufen der Barbarei und Entmenschlichung – mit weit reichenden gesellschaftlichen Folgen weit über die Kriegszeit hinaus. 1917 wird durch den Kriegseintritt der USA und die russische Oktoberrevolution zum Epochenjahr: Hier treten die beiden Großmächte in Erscheinung, die über weite Strecken des 20. Jahrhunderts Europa in zwei neue Obödienzen (die diesmal »Blöcke« genannt werden) aufteilen.

Volksaktien

→ Aktien, die aus sozialen Gründen bei ihrer Ausgabe bewusst an Kleinanleger verkauft werden.

In der jungen Bundesrepublik Deutschland wurde die Herausgabe von V. ab 1959 maßgeblich vom Bundeswirtschaftsminister und späteren Bundeskanzler Ludwig → Erhard betrieben. Getreu Erhards Slogan »Wohlstand für Alle« sollte mit der (Teil-)Privatisierung von Unternehmen eine höhere Beteiligung der Bürger am Produktivkapital – dessen Rendite langfristig i. d. R. die Verzinsung etwa des Sparbuchs übertrifft – erreicht werden.

Der Begriff V. wurde in den 1990er Jahren für die Privatisierung u. a. der Deutschen Telekom wieder aufgenommen. Eine beispiellose Kampagne erzeugte um die Telekom-Aktie (werbewirksam als »T-Aktie« bezeichnet) einen Hype, der auch nach dem Börsengang (1996) zunächst anhielt. Doch folgte nach dem Allzeithoch von 103,50 € (März 2000) der Absturz auf 8,14 € (Juni 2002) – was teilweise, aber nicht ausschließlich auf die Krise am »Neuen Markt« (»Dotcom-Blase«) ab März 2000 zurückzuführen ist. Heute (Stand: Mai 2016) hat die »T-Aktie« gerade den ersten und günstigsten ihrer drei Ausgabekurse von umgerechnet 14,57 € wieder erreicht und leicht überschritten. Hätten die handelnden Personen beim Börsengang der Telekom-»V.« tatsächlich Ludwig Erhards Ziel »Wohlstand für Alle« verfolgt, so hätten sie dieses Ziel grandios verfehlt.

Volksvertreter

Bezeichnung für ein Mitglied des → Parlaments, die sich daraus herleitet, dass ein Abgeordneter nicht den Interessen seiner Partei, einer Interessengruppe, seines Wahlkreises oder seiner Wähler, sondern den Interessen des gesamten Volkes verpflichtet ist. Nachdem dieser hehre Anspruch u. a. durch Fraktionszwang und → Lobbyismus gescheitert ist, hat sich der Volksmund eine neue Herleitung des Begriffs einfallen lassen: Ein Staubsaugervertreter verkauft Staubsauger, ein Versicherungsvertreter verkauft Versicherungen, ein V. verkauft das Volk.

Volkswirtschaftslehre

Abk. VWL, auch Nationalökonomie, Teilgebiet der → Wirtschaftswissenschaft, das die Verteilung knapper Güter in einer Volkswirtschaft untersucht. Sie betrachtet die Volkswirtschaft aus zwei Perspektiven: derjenigen der Mikroökonomie (Mikroökonomik), die das Verhalten und die Beziehungen einzelner Wirtschaftssubjekte (v. a. private Haushalte, Unternehmen) untersucht; und derjenigen der Makroökonomie (Makroökonomik), die gesamtwirtschaftliche Zusammenhänge betrachtet und durch rechnerische Zusammenfassung (Aggregation) Kennzahlen wie Einkommensentwicklung, Preisniveau, Inflationsrate oder das → Bruttoinlandsprodukt bestimmt.

Theorien und Erkenntnisse der VWL stehen in Wechselwirkung mit den moralischen Überzeugungen einer Gesellschaft und haben großen Einfluss auf die Wirtschaftspolitik. Wichtige und einflussreiche Beiträge zur V. kamen u. a. von François → Quesnay, Adam → Smith, David → Ricardo, Jean-Baptiste → Say, Thomas Robert → Malthus, Karl → Marx, Vilfredo → Pareto, John Maynard → Keynes, Walter → Eucken und Alfred → Müller-Armack. Bei der großen Bedeutung, die die VWL für uns alle hat, ist es sehr bedenklich, dass sich ihre Theoriebildung durch Verwendung komplizierter mathematischer → Modelle (siehe → x-Achse, → y-Achse) unter Ausschluss der Öffentlichkeit vollzieht. Und dass einander widersprechende Theorien wie → Neoklassische Theorie und → Keynesianismus von ihren Anhängern oft mit fast religiösem Eifer vertreten werden, anstatt nach Lösungen zu suchen, die die Vorteile beider Theorien beinhalten und ihre Fehler meiden.

Vollkasko

Vorname einer → Versicherung, die über die Teilkaskoversicherung hinausgehend z. B. auch Schäden am Auto durch selbstverschuldete Unfälle und Vandalismus abdeckt – und damit die meisten möglichen Schadensfälle.

Die polemische Bezeichnung »V.-Mentalität« bezeichnet ein in Deutschland verbreitetes Bestreben, sich gegen alle Eventualitäten des Lebens absichern zu wollen. Viele Menschen zahlen größere Teile ihres Einkommens für eine Absicherung gegen kleinere Verluste (etwa eine Reiserücktrittversicherung für den Billig-Urlaub, eine Hausratversicherung für Möbel vom Discounter), Kombi-Produkte aus überteuerter Versicherung und schlecht verzinstem Sparvertrag oder für Versicherungen, die die Löcher anderer Versicherungen abdecken. Klar, dass dann kaum noch Geld zum Ausgeben bleibt – und die wirklich existenziellen Lebensrisiken, etwa Berufsunfähigkeit und private Haftpflicht, vergessen werden.

Wirkliche V.-Profis richten ihre Erwartungshaltung an den Staat. Aus dem Prinzip des → Sozialstaats leiten sie den Anspruch ab, von der Wiege bis zur Bahre von einem »Vater Staat« umsorgt zu werden, der ihnen beim kleinsten Schnupfen mit steuerfinanzierten Taschentüchern

Nase und Tränen trocknet. Für das Gefühl wohliger Geborgenheit akzeptieren sie begeistert staatliche Bevormundung – ein Deal, den sie erbittert gegen jeden verteidigen, der seine persönliche → Freiheit einzufordern wagt.

Wahrhaftigkeit

das Bestreben, die Wahrheit zu erkennen und auszusprechen, verbunden mit der Bereitschaft, das für wahr Gehaltene jederzeit kritisch zu hinterfragen. W. ist die existenzielle Grundlage jeder wissenschaftlichen und journalistischen Tätigkeit sowie allgemein einer aufgeklärten, demokratischen Gesellschaft.

Natürliche Feinde der W. sind u. a. Egoismus und Rücksichtslosigkeit sowie Feigheit, Gleichgültigkeit und Borniertheit. Viel gefährlicher jedoch sind ihre künstlich erzeugten Feinde, z. B. die mittels → Emotionalisierung hervorgerufene → Angst, das Hinterfragen der eigenen Glaubenssätze oder das Aussprechen des für wahr Gehaltenen könne »den Falschen nützen«.

Doch keine Wahrheit kann so sehr den Initiatoren und Profiteuren dunkler Machenschaften nützen wie eben die Dunkelheit – die Abwesenheit des Lichts der Wahrheit [Vorsicht, → Metapher!]. Deshalb war es zu allen Zeiten deren Bestreben, Wahrheit zu unterdrücken und W. zu zerstören. Wer immer Rede-

und Denktabus etabliert, gehört also selbst zu den »Falschen«, vor denen er scheinheilig warnt.

Wasser

chem. Formel H_2O, satirisch auch Dihydrogenmonoxid (Abk. DHMO), vielleicht der wichtigste Rohstoff des 21. Jahrhunderts.

Weil W. wegen seiner existenziellen Bedeutung vor allem als Trinkwasser hohe und sichere Gewinnmöglichkeiten verspricht, gibt es Bestrebungen, es zu »privatisieren« – etwa durch Initiativen auf EU-Ebene oder auch im Rahmen internationaler Abkommen wie → TTIP und → TiSa. Was das in der Praxis bedeuten kann, zeigte der so genannte Wasserkrieg von Cochabamba.

Der damals gut 500 000 Einwohner zählenden bolivianischen Stadt Cochabamba war vom Internationalen Währungsfonds (IWF) eine Privatisierung der bis dahin öffentlichen Wasserversorgung auferlegt worden. Ein Konsortium aus internationalen Unternehmen und Investoren erhöhte die Wasserpreise drastisch. Um die Menschen dieser Preisgestaltung auszuliefern, wurde sogar das Auffangen von Regenwasser für illegal erklärt. Im Jahr 2000 erhoben sich die Bürger der Stadt mit massiven Protesten und einem Generalstreik. Bei gewaltsamen Auseinandersetzungen mit der Polizei starben

sieben Menschen, Hunderte wurden verletzt. Aufgrund des Widerstandes nahm die Regierung die Privatisierung des W. zurück (siehe auch → The Corporation).

Das Perfide an dieser als Privatisierung getarnte Okkupierungsstrategie ist ihre im Grunde antiwirtschaftliche Methode: Die Konzerne wollen nicht Gewinne erwirtschaften, indem sie → Knappheit beseitigen – das wäre etwa der Fall, wenn ein Unternehmen eine Wasserleitung in die Wüste baute und dann am Verkauf des W. verdiente. Im Gegenteil: Die Unternehmen bringen nicht W. in die Wüste, sondern sozusagen die Wüste zum W. Sie selbst schaffen erst die Knappheit, die sie danach ausbeuten, weil sie die Menschen in der Hand haben und zur Zahlung von Höchstpreisen erpressen können.

Weber, Max

deutscher Soziologe,
* 21. 4. 1864, † 14. 6. 1920.

W. gilt als Begründer der Herrschaftssoziologie und Mitbegründer der Religionssoziologie, hatte aber auch prägenden Einfluss auf die Wirtschaftssoziologie und weitere Teilbereiche der Soziologie. Von ihm stammt die Unterscheidung zwischen Gesinnungs- und → Verantwortungsethik. Seine Protestantismus-Kapitalismus-These besagt, dass der Kapitalismus nicht zufällig im »Westen« entstanden ist anstatt etwa in China oder Indien. Als Ursache dafür sieht er die spezifische Ausprägung westlicher Rationalität, deren Ursache er in der protestantischen, insbesondere der calvinistischen Weltanschauung ausmacht (siehe auch → Prädestinationslehre). Dies beinhaltet eine Absage an die von der → Aufklärung vorausgesetzte »reine Vernunft«. Denn was wir als »vernünftig« ansehen, ist vielmehr durch unsere Kultur und Traditionen zumindest mitgeprägt.

Für die Wissenschaft formulierte W. die Forderung der Wertfreiheit, nach der ihre Aussagen frei von normativem Gehalt sein sollen. Danach dürfe für die (von der Wissenschaft zu stellende) Frage »Was ist der Fall?« die Frage »Was sollte der Fall sein?« keinerlei Rolle spielen. Seine Forderung nach einer legalen Herrschaft sah er in reinster Form in einer Bürokratie verwirklicht. In W.s Bürokratiemodell, das er in seinem 1921/22 postum veröffentlichten Werk »Wirtschaft und Gesellschaft« beschreibt, zählen u. a. Regelgebundenheit, Hierarchieprinzip oder die Trennung von Amt und Person zu den Merkmalen einer rationalen Bürokratie.

Weltmeisterschaft

Abk. WM, Wettbewerb, durch den in fast allen Sportarten – aber auch in einigen Handwerken, Gesellschafts-

spielen u. a. – der beste Einzelsportler oder die beste Mannschaft der Welt ermittelt wird. Er bzw. sie ist dann bis zur nächsten WM Weltmeister/in.

Wird ohne konkretere Angaben (z. B. Leichtathletik-WM, U20-Fußball-WM der Frauen) von einer WM gesprochen, so ist in der Regel die Fußball-WM der Männer gemeint. Die findet alle vier Jahre statt. Solange die eigene Mannschaft noch im Turnier ist, sorgt die WM für eine kollektive → Emotionalisierung und errichtet in den Köpfen der Menschen eine faktische Nachrichtensperre für politische Themen. Die → Politik hat das erkannt und nutzt die WM, um unpopuläre Maßnahmen unter Ausschluss der Öffentlichkeit zu beschließen. So verlegte in Deutschland die 2005 gebildete »große Koalition« eine ganze Reihe politischer Entscheidungen – u. a. die Erhöhung der Mehrwertsteuer um drei Prozentpunkte – auf den Monat, in dem die Fußball-WM im eigenen Land die Aufmerksamkeit voll und ganz beanspruchte. Hätte es statt des »Sommermärchens« ein frühes Ausscheiden der deutschen Elf gegeben, wäre die Regierung wohl am Ende gewesen. Doch scheint die betroffenen Bürger eine solche Instrumentalisierung nicht zu kümmern, solange nur »Die Mannschaft« erfolgreich abschneidet (danke, Jungs, für den vierten Stern!).

Einem interessanten Gedankenspiel zufolge spiegelt das Auftreten einer Nationalmannschaft den politischen und mentalen Zustand ihres Landes wider. Der deutsche WM-Erfolg von 1954 begleitete demnach den politischen und wirtschaftlichen Neuanfang (»Wirtschaftswunder«) nach dem Zweiten Weltkrieg, und der »alte Fuchs« Sepp Herberger, der die Ungarn in der Vorrunde mit einer B-Elf in Sicherheit wiegte, war das fußballerische Pendant zum gewieften Machtpolitiker Adenauer. Die begeisternde Spielweise bei der WM 1970 und Europameisterschaft 1972 war Ausdruck der Aufbruchstimmung in der Ära Brandt, der WM-Titel 1974 war dagegen schon ganz Schmidt: nüchtern, selbstbewusst, in der zweiten Halbzeit pure Besitzstandswahrung. Die 1980er-Jahre zeigten Biederkeit auf hohem Niveau, der WM-Titel 1990 untermalte die Wiedervereinigungs-Euphorie. Bis 1998 folgte der langsame und zähe Niedergang unter dem Duo Kohl/Vogts (Rumpelfußball).

Der deutsche Fußball erfand sich zur Jahrtausendwende neu. Dass es in Politik und Gesellschaft einen ähnlich erfolgreichen Aufbruch gab und dass das heutige Deutschland Parallelen aufweist zu dem, was seine Fußballer 2014 in Brasilien veranstalteten, darf bestenfalls erhofft werden.

Werbung

Phänomen, das sofort verschwinden würde, wenn wir unsere Kaufentscheidungen auf Vernunftbasis (→ Homo oeconomicus) träfen.

Wettbewerbsfähigkeit

in der Betriebswirtschaftslehre die Befähigung eines Unternehmens, die von ihm produzierten Waren und Dienstleistungen am Markt zu verkaufen und dadurch Gewinn zu erwirtschaften.

Die Forderung der W. wird regelmäßig auch auf volkswirtschaftliche Fragen übertragen. Das führt zu Standortdiskussionen (»Standort Deutschland«) und einer Wirtschaftspolitik, die die Absatzchancen inländischer Produkte auf dem Weltmarkt durch Kostensenkung erreichen will – was meist Lohnkürzungen oder zumindest nur geringe Steigerungen bedeutet. Es ist allerdings überhaupt nicht die Aufgabe von Staaten, Gewinne zu erzielen. Im Gegenteil: Ziel der Wirtschaftspolitik sollte ein außenwirtschaftliches Gleichgewicht sein (vgl. magisches → Viereck), etwaige Exportüberschüsse sollten in Folgejahren durch vermehrtem Import ausgeglichen werden. Führt die Fixierung auf W. zu dauerhaften Exportüberschüssen, dann handelt der Staat weder im Interesse seiner Bürger (die dauerhaft weniger konsumieren, als sie erarbeitet haben – also gratis für das Ausland produzieren) noch im Rahmen liberaler Wirtschaftslehre (→ Neoklassische Theorie), sondern kehrt zum Merkantilismus zurück.

Auch zur Überwindung der → Eurokrise ist die Steigerung der W. einiger Staaten nur bedingt geeignet. Denn W. ist kein absoluter Wert, ein Staat (wie ein Unternehmen) kann nur mehr oder weniger wettbewerbsfähig als andere sein. W. ist also ein Nullsummenspiel – können einige Staaten an W. zulegen, verlieren dadurch andere. Armut und Arbeitslosigkeit werden dadurch also nur anders verteilt, nicht nachhaltig bekämpft.

(Lesenswert hierzu: Heiner Flassbeck: 66 starke Thesen zum Euro, zur Wirtschaftspolitik und zum deutschen Wesen.)

Wirtschaft

(auch Ökonomie), allgemein: Summe aller von Menschen getroffenen Entscheidungen, die die Verfügung über knappe Güter (→ Knappheit) betreffen. Jede menschliche Gemeinschaft, von der Familie über den Staat bis zur gesamten Menschheit, und selbst der Einsiedler oder ein Gestrandeter auf einer einsamen Insel muss wirtschaftliche Entscheidungen treffen, um überleben zu können. Fragen der W. sind dabei

aus Engste verknüpft mit den meisten zentralen politischen Themengebieten. Ohne sie hingen Gerechtigkeit, → Freiheit, → Macht oder (sozialer) Friede gleichsam in der Luft. Es sind radikal andere Wirtschaftssysteme als das jetzige denkbar (und wären vielleicht auch umsetzbar), aber es ist unmöglich, *nicht* zu wirtschaften.

Schulfach (Deutschland): als Teil des Faches »W. und Recht« in Bayern und Thüringen je nach Schulform ab dem achten oder neunten Schuljahr fester Bestandteil des Schulunterrichts; in anderen deutschen Bundesländern teilweise im Lehrplan des Faches Gemeinschaftskunde berücksichtigt oder von Erdkunde- oder Politiklehrern in den Unterricht eingeflochten. Trotzdem erlangen immer noch viele junge Menschen die allgemeine Hochschulreife, die nicht viel mehr über W. gelernt haben, als dass sie irgendwie böse ist.

Wirtschaftlichkeits-prinzip

auch Ökonomisches Prinzip, Grundsatz des wirtschaftlichen Handelns von Menschen (→ Homo oeconomicus) und Unternehmen angesichts der → Knappheit der eingesetzten Güter. Dem W. folgt, wer entweder aus den vorhandenen Mitteln das bestmögliche Ergebnis erzielt (Maximumprinzip) oder ein

vorgegebenes Ziel mit dem geringst-
möglichen Mitteleinsatz erreicht
(Minimumprinzip); eine Mischung
aus beiden versucht das Optimum-
prinzip, nach dem das optimale
Verhältnis zwischen eingesetzten
Mitteln und erzieltem Ergebnis angestrebt wird.

Wer sich nach dem W. auf eine Prüfung vorbereitet, kann jede freie Mi-
nute zum Lernen nutzen, um ein
möglichst gutes Resultat zu erzielen (Maximumprinzip) oder gerade so viel Zeit aufwenden, um mit
»ausreichend« zu bestehen (Minimumprinzip). Wer nach dem Opti-
mumprinzip lernen will, muss dafür
zunächst entscheiden, wie viel ihm
bzw. ihr die (gegenüber dem Mini-
mum) mehr eingesetzte Zeit im Verhältnis zur entsprechenden Verbesserung der Note wert ist. Das hängt
u. a. auch davon ab, welche Möglichkeiten es gibt, die Zeit anders als mit
Lernen zu verbringen – und für wie
sinnvoll er/sie diese hält (→ Alternativkosten). Die Kenntnis des Pareto-
prinzips (→ Pareto) ist von Vorteil.

Wirtschaftswissenschaft

eine Sozialwissenschaft, die sich
durch Fixierung auf mathematische
→ Modelle den Anschein naturwis-
senschaftlicher Exaktheit gibt.

x-Achse

südliche Begrenzungslinie eines
zweidimensionalen, nach Nordos-
ten hin unendlichen Universums,
innerhalb dessen ein Wirtschaftswissenschaftler alles erklären kann
(→ y-Achse).

y-Achse

westliche Begrenzungslinie des gemeinsam mit der → x-Achse aufgespannten Universums, in dem sich mit ein paar Linien und Kurven Erkenntnisse gewinnen lassen, die man anschließend auf die Welt außerhalb dieses → Modells anwenden kann. Im Idealfall ohne dass die Betroffenen Einwände erheben, weil sie die Sprache der Linien und Kurven nicht beherrschen.

Zeitung

Medium, in dem man nachlesen kann, was gestern im Internet stand; genauer: was nach Ansicht der Zeitungsmacher gestern im Internet hätte stehen sollen.

Zins

Entgelt des Schuldners an den Gläubiger für das zeitweilige Überlassen von Kapital. Wenn heute von Z. gesprochen wird, denkt man i. d. R. an reine Geldgeschäfte: A schuldet B eine Geldsumme und zahlt dafür (z. B. monatlich oder jährlich) Zinsen an diesen. Das überlassene Kapital kann aber auch ein Grundstück, ein Wohnhaus oder ein Ladenlokal sein; in diesem Fall spricht man von Miet- bzw. Pachtzins.

Das oft zitierte Zinsverbot, das im Mittelalter galt, bezog sich auf Geldgeschäfte. Es konnte daher umgangen werden, indem man das Geldgeschäft als Grundstücksgeschäft tarnte: Offiziell lieh sich nicht A eine Geldsumme von B, sondern er verkaufte B ein (landwirtschaftlich genutztes) Grundstück für diese

Summe. Wie beim heutigen Sale-and-Lease-Back pachtete A das Grundstück sogleich zurück, bewirtschaftete es weiterhin und zahlte B dafür einen jährlichen Pachtzins. Die De-facto-Rückzahlung des Darlehens erfolgte durch den Rückkauf des Grundstücks. Doch auch anders ließ sich das Zinsverbot umgehen, etwa indem die Rückzahlung in einer anderen Währung erfolgte und der Zins in einem für den Darlehensgeber günstigen Wechselkurs versteckt wurde.

Heute sind Z. längst erlaubt. Nicht nur, wer selbst jemandem Geld schuldet, muss sie zahlen, sie sind auch in den Preisen fast aller Güter, die wir kaufen, versteckt (weil die Produzenten Darlehen aufgenommen haben und die Zinskosten auf die Güterpreise umlegen). So finanziert die große Mehrheit der Erwerbstätigen eine kleine Gruppe der Kapitaleigentümer. Und durch den → Zinseszins wird dieser Effekt stärker. Und stärker. Und stärker.

Zinseszins

ein Zins, der auf Zinsen berechnet wird.

Der Unterschied zwischen Zins und Z. wirkt auf den ersten Blick unscheinbar, denn da der Zins nur einen kleinen Teil der Darlehenssumme ausmacht, scheint ein Zins auf diesen Zins vernachlässigbar zu

sein. Legt man etwa 10 000 € zu 2 % an, so hat man im ersten Jahr 200 € Zinsen, im zweiten Jahr 204 € (2 % von 10 200) und im dritten Jahr 208,08 €. Sollte man sich wegen dieser minimalen Steigerung aufregen? Man muss! Das zeigt das Rechenbeispiel vom »Josephspfennig«.

Hätte Josef aus Nazareth zu Beginn unserer Zeitrechnung einen Eurocent zu 5 % jährlichen Zinsen angelegt und jedes Jahr die Zinsen abgehoben, dann wäre bis zum Jahr 2000 ein ganzer Euro als Zinsen ausbezahlt worden (Rechnung 0,01 € mal 0,05 mal 2000). Wären aber die Zinsen auf dem Bankkonto liegen geblieben und ebenfalls verzinst worden, dann wäre in 2000 Jahren eine Summe zusammengekommen, die gemessen Goldpreis des Jahres 2000 etwa dem 421-Milliarden-fachen Gewicht des Planeten Erde in purem Gold entsprochen hätte (0,01 € mal [1,05 hoch 2000]).

Wer jetzt im Klugscheißer-Modus darauf hinweist, vor 2000 Jahren habe es doch noch gar keinen Euro gegeben, und es gebe auch keine Bank, die so lange Bestand habe, liegt damit richtiger als er/sie denkt: Kein System, das auf dem Z. aufbaut, kann annähernd so lange bestehen. Einige Jahrzehnte, vielleicht ein, zwei Jahrhunderte, dann wird es durch den Zinseszinseffekt zerstört. Der besteht darin, dass die Werte exponentiell ansteigen. Dabei wachsen sie zunächst nur langsam, mit der

Zeit wird der Anstieg aber immer steiler. Um die Zinseinkünfte der Gläubiger zu gewährleisten, muss eine Gesellschaft einen immer größeren Anteil der Früchte ihrer Arbeit abzweigen. Bis das irgendwann nicht mehr geht und das System implodiert – oder etwas Zeit gewinnt, indem es durch Ausbeutung und/oder Krieg expandiert und andere Volkswirtschaften in Mitleidenschaft zieht. (In einer solchen Endphase leben wir gerade.)

Exponentielles Wachstum widerspricht unserer Erfahrung (was etwa auch die »Reiskornlegende« illustriert, die um die Erfindung des Schachspiels kreist), daher neigen wir dazu, es zu unterschätzen. Hinzu kommt, dass mathematisch ermittelte Z. ins Unendliche steigen können, während jeder Realwirtschaft natürliche Grenzen gesetzt sind – und sei es die Größe unseres Planeten. Das lässt sich am Beispiel eines Pachtzinses verdeutlichen (vgl. → Zins). Zinsen auf eine Darlehenssumme entsprächen dem Fall, dass der Schuldner dem Gläubiger jährlich einen Teil der Ernte eines zur Sicherheit überschriebenen Grundstücks abgeben muss. Wenn aber Zinsen auf Zinsen erhoben werden, dann entspräche das dem Fall, dass das dem Gläubiger übertragene Grundstück von Jahr zu Jahr größer wird. In der Realwirtschaft wären dem schnell Grenzen gesetzt: der gesamte Grundbesitz des Schuldners, spätestens aber die gesamte Erdoberfläche. Die Mathematik kennt diese Grenzen nicht, und so kann das Z.-Spiel weitergehen, bis fast die gesamte Menschheit ihre Habe und die Erträge ihrer Arbeit einer kleinen Finanzelite schuldet.

Zivilcourage

wörtlich »Bürgermut«, moderne Form des Heldentums, oft mit Gefahr für Leib und Leben des mutigen Bürgers verbunden.

Bereits Bertolt Brecht (* 1898, † 1956) erkannte in seinem Theaterstück »Leben des Galilei«: Nicht das Land, das keine Helden hat, ist unglücklich, sondern das Land, das Helden nötig hat. Mit anderen Worten: Wir brauchen nicht mehr Z., mit der unbewaffnete Familienväter, Studentinnen, Rentner oder Jugendliche ihr eigenes Leben riskieren, um andere zu retten; wir brauchen einen Staat, der die Sicherheit seiner Bürger zu seinen vordergründigen Aufgaben zählt.

Solange öffentliche Gelder zur Mehrung der Gewinne weniger verschwendet werden, anstatt in Infrastruktur, Bildung, Polizei und Sozialarbeit investiert zu werden, werden Politiker das Hohelied der Z. singen. Weil sie Heilige und Märtyrer brauchen, um die öffentliche Aufmerksamkeit von ihrem eigenen Versagen abzulenken.

äöü

Ääätsch

das, was einige Superreiche zu uns sagen werden, nachdem wir ihnen tatenlos dabei zugesehen haben, wie sie zur Ausdehnung ihrer Macht unsere ökonomischen und ökologischen Existenzgrundlagen und die gesellschaftlichen Fortschritte der letzten Jahrhunderte zerstören.

Öffentlichkeit

oder Offenheit, Transparenz (russ. Glasnost); vermutlich der einzige Weg, um zu verhindern, dass ein kleiner Zirkel von Apparatschiks hinter verschlossenen Türen über Wohl und Wehe der Menschheit und des Planeten entscheidet.

Als Michail Gorbatschow (* 1931), Generalsekretär des Zentralkomitees der Kommunistischen Partei der Sowjetunion (KPdSU), im Jahr 1985 Glasnost forderte, dauerte es nur noch wenige Jahre, bis der zuvor unüberwindlich scheinende Machtapparat namens »Sowjetunion« in sich zusammenbrach. Nach diesen Erfahrungen ist nicht noch einmal zu erwarten, dass die Mächtigen aus eigenem Antrieb Ö. zulassen – wir werden sie erkämpfen müssen.

Überspitzung

manchmal notwendig, um Gehör zu finden. Allerdings wird manches, das heute als Ü. oder Übertreibung abgetan wird, übermorgen schon von der Realität überholt sein.

Zum Autor

Lars Günther studierte in Münster Geschichte, Germanistik und Philosophie und an der Fernuniversität Hagen Betriebswirtschaftslehre. Seit 2001 arbeitet er als freier Lektor und Autor und war bislang an über 60 Lexika und Sachbüchern beteiligt.

Zuletzt erschien sein gemeinsam mit Rolf Morrien verfasster Ratgeber »Verschenken Sie kein Geld! Kapitalanlage in der Null-Zins-Phase« (FinanzBuch Verlag, 2015).

Zeitfracht Medien GmbH
Ferdinand-Jühlke-Straße 7
99095 Erfurt, Deutschland
produktsicherheit@kolibri360.de